徳 間 文 庫

中国・韓国が死んでも教えない近現代史

黄 文雄

JN266486

徳 間 書 店

はじめに

終戦からすでに半世紀以上も経っているにもかかわらず、中国や韓国の反日は相変わらず終わらない。それどころか、逆に激しさを増しているというのは、人類史から見てもきわめて異例である。このような国家・国民の姿勢が決して正常と言えないことは、誰の眼から見ても明らかだろう。

近代国家の常識と良識からすれば、戦後処理は国際法に基いて、国際条約によって取り決めるのが一般的だ。

日本の戦後処理は、サンフランシスコ条約ですでに決定され、履行済みである。かりにこの条約に不満があったとしても、日韓、日中はそれぞれ六〇年代、七〇年代にすでに二国間の条約によって、すべての過去を清算したはずだった。

終戦から六〇年間、日本と中国、韓国の間では戦争状態もなかった。あったのはせいぜい国共内戦や朝鮮戦争（韓戦）といった自民族の殺し合いのみであった。

それにもかかわらず、二一世紀に入っても中韓の反日はすべて「過去の一時期」における日本の「中国侵略」と韓国の「植民地支配」というお題目に集約されている。反日運動が「反日有理・愛国無罪」だろうと何であろうと、それは中韓双方とも、現在や未来よりも過去を大事にし、それを国策とする意思表示に他ならない。

しかし日本の過去の歴史は、はたして中韓が主張するようなものであったかどうか、また日本のみならず、中韓の歴史も史実に基いて再検証する必要がある。

本書は捏造された近現代史を糾すために、史実に基いて第三の眼から見た日本近現代史である。

中国侵略、南京大虐殺、韓国併合における略奪と搾取、悲惨な従軍慰安婦、強制連行……これらの悪行の歴史を日本が認め、謝罪することこそ、「正しい歴史認識」であると中、韓は主張して譲らない。

そして、日本の内政に対する両国の干渉は、すべてこの「歴史認識」問題に基づいている。教科書問題しかり、靖国神社問題しかり、「神の国」発言問題や「国歌国旗」の法制化問題、さらに、政府高官による一連の発言（失言）問題、安保問題、司法裁判、憲法改正問題から「中国」「支那」「韓国」「朝鮮」の文字使用、李登輝氏訪日までもがそうだった。

ここまでいちいち内政干渉される日本は、はたして主権国家なのだろうか。中、韓の尊大な要求に日本が唯々諾々《いいだくだく》とし、対応に窮するさまをみるにつけ、そう問わずにはいられない。

では、中、韓が日本に押しつけている独善的な歴史観は、はたして「正しい歴史認識」なのだろうか。

本書は、ここ数年来、日本が一方的に中、韓から押しつけられた、いわゆる「正しい歴史認識」を検証するために書いたものである。ことに、よく論議される問題を中心に考証と検証を行った。

台湾、韓国、満州は、日本の三大植民地だというが、本当にそうなのか。「植民地的」搾取や略奪を行ってきたのか。極悪非道の象徴である「大日本帝国」は侵略戦争ばかり起こし、虐殺を繰り返してきたのか。

その詳細については本書で説明しているが、いずれにしても答えはノーである。むしろ日本の存在は、中国の内戦を終結させ、東南アジアの植民地解放に寄与するなど、近現代史のなかで多くの貢献をはたしてきた。これは、文明史から見ても評価すべきだと私は思っている。

つまり、中国、韓国のいう「正しい歴史認識」とは、「捏造《ねつぞう》された歴史認識」にほかならないのだが、現在ではそれがまかり通っている。

日本が中、韓から「正しい歴史認識」をつきつけられたのは、原因というよりはむしろ結果であろう。戦後の日本は、教育もマスコミも「反日日本人」たちに牛耳られ、「東京裁判史観」「コミンテルン史観」や「自虐史観」による反国家、反伝統の教育が主流であった。そこにつけこまれたのである。

それにしても、なぜ日本は中、韓の内政干渉に甘んじる態度しか取れないのか。その背景については、これまでほとんど指摘されてこなかった。そこには、大東亜戦争の敗戦に続く、日本のふたつの敗北があったのである。

ひとつは、本来ならば日本の主権に属する単なる国内問題であるはずのものが、中、韓によっていつしか外交問題にされてしまったこと。もうひとつは、日本人ならすでに「水に流す」程度の「過去」である事がらが、あたかも「現代」や「未来」の問題として大袈《おおげ》裟《さ》に騒ぎ立てられたことである。

つまり、中、韓にとっての「歴史認識」問題とは、史実かどうかということよりも国家戦略の問題であり、対日外交に対する切り札に過ぎなかったということだ。そこには、国家と歴史に対する価値観の大きな相違がある。だから、本来、日本と中、韓が歴史認識を共有することは不可能なのだ。

しかし、このふたつの敗北は、日本人の不覚から生じたものでもある。こうした「捏造された歴史」の押しつけに対して、政治家たちはあまりにも無力であった。まともに反論、反証することなく、相手に言われるままに謝罪するという安易な妥協を繰り返してきた。しかし、いくら謝罪したところで、絶対に中、韓はそれを受け入れ、口をつぐむということはない。それは、一九八〇年代以降、日本の歴代総理が何度も謝罪や反省を表明してきたにもかかわらず、いまだに「正しい歴史認識」問題が終わっていないという歴史が証明している。

さらには、中、韓の主張に迎合する日本人さえいる。たとえば、かつて江沢民《こうたくみん》主席があたかも真理のように「過去の正しい歴史認識」がなければ「未来は語れない」などとうそぶいていたときも、日本の政治家やマスコミは反論するどころか、同調、呼応ばかりしていた。

このふたつの敗北は、本来ならば日本人の決意ひとつで避けることができたはずだ。しかし、戦後の日本人にはその勇気もなかった。そのため八〇年代には、歴史問題が政治問題、外交問題になるという流れが決定的になってしまった。

その結果の一例が小泉総理の靖国神社参拝だ。あれほど「何があろうと絶対八月一五日に参拝する」と公約していたのに、反古にしてしまった。それでも「腹を切る」ことはなかった。日本政府の弱さを露呈したいい例だ。

こんな重大なことを何とも思わない日本国民も、あまりに不覚である。日本の将来を不安視する声があるのもよくわかるというものだ。

かくして、中、韓の主張をそのまま受け入れてしまった結果、世代の断絶や価値観の多様化、いや、価値観の対立が家庭内にまで見られるようになった。国旗、国歌をめぐる問題もそうだ。反日教育を受けた孫が、祖父に対して祝日に侵略のシンボルである国旗を掲揚するのはやめろ、と反対する。

そんな日本の状況では、年配者たちが「長生きしたくはない」と嘆くのも自然なことではないだろうか。現代日本に見られる多くの問題の根源に「正しい歴史認識」がある。

二〇〇二年の日韓共催のサッカーワールドカップにしても、韓国側の一方的な都合で天皇訪韓を要請してきた。日本の都合などまったく考慮せず、なかば強要に近いごり押しだ。天皇訪韓は、日本の「義務」だとまで主張している。

日本は、もはや「脱亜入欧」の時代のように近隣の悪友どもを謝絶することができなくなっている。それは、日本人の弱みであり、弱さでもある。こんなことでいいのだろうか。

本書は、これまで日本が押しつけられてきた一方的な「正しい歴史認識」とは、むしろ「捏造された歴史」の強制認知であり、決して「正しい歴史認識」などではないこと、そしてそのように強制認知された偽史が日本人の「正しい歴史認識」としてまかり通っていることをさまざまな事例から指摘している。

新世紀を生きる日本人に少しでも自信と勇気を与えられれば望外の喜びである。

二〇〇五年夏

黄　文雄

目次

第二章　日本の「中国侵略」はなかった

第三章　それでも韓国に植民地支配はなかった

第四章　「脱華入日」で繁栄した台湾

第五章　大東亜共栄圏は実現可能か

第一章　貶《おとし》められた大日本帝国

開国維新を果たした日本と不可能だった中国・朝鮮

大航海時代以降の歴史は、西洋文明がアジアに押し寄せる「西風東漸《とうぜん》」「西力東来」の時代であった。もちろん西洋文明はアジアのみならず、地球的規模で拡散した時代でもあった。時には逆風もあったが、いかなる力も西潮をくい止めることはできなかった。たとえば、西アジアからみても、イスラム世界の両雄、オスマン・トルコとペルシアは西力に抵抗できなかったし、南アジアからみてもインドは西欧の植民地へと転落してしまった。

東南アジアも欧米の植民地となり、アメリカ新大陸はすべて西欧の移民・植民地となっただけでなく、アフリカ旧大陸はことごとく西欧に分割された。

老大帝国の清《しん》国もアヘン戦争に負け、朝鮮半島も東亜最後の秘境を守れなかった。近現代の地球の歴史が物語っているのは、古代文明発祥の地に巨大な文明圏を築き、数千年来盛衰を繰り返してきた中世、近世以来の世界帝国までが、ことごとく西力、西風に抵抗できなかったということである。非西欧諸文明はすべて西欧文明に抵抗できなかった。

では、この時代の潮流の中にあって、なぜ日本は開国維新しなければならなかったのか。

そして、なぜ日本のみが西力東来の危機に対応することができ、開国維新が成功したのだろうか。近現代史を見る目がそこに置かれるだけでも、歴史の意味が異なってくる。

一九世紀の中葉ごろまで、日本だけでなく、清国、朝鮮も含めて、東アジア大陸全域は、鎖国の時代であった。

中華帝国は有史以来、ずっとひとつの自己完結の世界（天下）であり、天朝《てんちょう》朝貢《ちょうこう》・冊封《さくほう》秩序を保ちながら、自給自足ができ、開国する必要もなかった。乾隆《けんりゅう》皇帝は、英国王ジョージ三世の使節マッカートニーの通商要求をきっぱり断ったとき、「天朝にないものはない。もし夷狄《いてき》に必要なものがあれば、恵んでやる」と豪語したことが象徴的だ。

清の属国である朝鮮は、自存自衛のために宗主国以上の鎖国を続けてきた。台湾でさえ、荒蕪《こうぶ》の地、化外《けがい》の地として清国は渡航を禁じていたほどであった。

しかし、西力が東来とともに、地球的規模へと拡大する空間革命の時代はすでに鎖国を許さなかった。チベット高原であろうと、エチオピアの高原であろうと、南極大陸であろうと、西欧文明の拡散を阻止することができなかった。

そのような歴史の潮流を透徹に洞察し、徹底的に対応したのは、幕末の開国維新の志士たちであった。それは、アーノルド・トインビーが維新を遂げた日本を「中華文明から西欧文明への改宗者」とまで言うほど徹底していたのだ。

では、もし日本が開国維新に失敗していたら、日本はいったいどうなっていたであろうか。私の独断でいうと、欧米列強の植民地に転落し、中華帝国以上に悲惨な運命になっていたにちがいない。

もちろん世界唯一の例外的存在である天皇制度も不可能となり、近代化も実現することはできなかったであろうし、戦前に列強となることもなく、戦後の経済大国化も永遠の夢のまた夢であっただろう。

日本が開国維新に成功し、そして日清、日露戦争に勝ち、列強の一員となったことが日本の運命を変え、ひいてはアジア、世界の運命をも変えた。「もしクレオパトラの鼻がもう少し低かったなら」という仮説以上に世界史の運命は変わっていたであろう。

たしかに歴史にはｉｆということはない。しかし、ｉｆという考えがなかったら、多彩な歴史観もなくなるであろう。

維新後、日本は大国化、強国化へとひたすらに突き進んでいったが、そのことを非難する勢力は今も存在している。

維新後の日本でも、大国主義か小国主義かという論議があった。しかし内村鑑三《かんぞう》、三浦鉄太郎《てつたろう》、石橋湛山《たんざん》、幸徳秋水《こうとくしゅうすい》、河上肇《はじめ》のような小国主義者の論議ほど空想的な愚論はない。列強時代に、小国としての日本が、はたして生きていけたであろうか。

日本が列強となったからこそ世界の歴史の流れを変えられたのだ。もし列強としての日本という存在がなかったら、近現代史はどうなっていたのであろうか。

中国は予定どおり英仏独露の列強に分割され、朝鮮も台湾も、欧米の植民地となっていたであろう。今日も白人の時代が続き、植民地の時代も続いていたであろう。世界の歴史の律動もダイナミック性を欠き、精彩を欠いていたにちがいない。

もちろん、それはただの仮説ではなく、時代の流れからの類推である。

近現代のアジア史、日本史をみるには、まず西洋文明が地球規模の拡散を続ける中で、日本をはじめとするアジア諸国の対応力がどれほどあったのかということからみなければならない。それは開国するかしないかという問題だけでなく、自発的に開国できるかどうかだけでもない。改革維新が成し遂げられるかどうかによって、その国の近現代の運命が決められるだろう。

清国はアヘン戦争に負け、南京《ナンキン》条約に基づいて開国・開港したものの、維新できなかった。洋務《ようむ》運動という西欧の物質文明を導入して富国強兵を目指す政策をとったが、「中体西用」（ハードは西欧のものを取り入れるが、ソフトは中国のものを使う）という旧態依然の体制に止まり、成功しなかった。アヘン戦争に負け、アロー戦争にも負け、さらに清仏、日清戦争にも負けた。アヘン戦争以後、戦争のたびに敗れ、約六〇年後の一八九八年に、ようやく一部の維新派によって明治維新の模倣である「戊戌《ぼじゅつ》維新」（康有為《こうゆうい》、梁啓《りようけい》超《ちょう》らによって推進された、君主専制から立憲君主制に改めようという政治改革運動。光緒《こうちょ》帝の支援もあったが、西太后《せいたいこう》らの反撃により挫折《ざせつ》）を決行したものの、一〇〇日のみで失敗、とうとう辛亥《しんがい》革命によって二〇〇〇余年の中華帝国の一君万民制が否定されてしまった。

朝鮮も重なる「洋擾《ようじじょう》」（欧米の開国要求）の後で、江戸時代の黒船来航のような、日本の雲揚号による「倭擾《わじょう》」で開国したが、中華帝国の千年属国から自主独立することができず、開国はしたものの維新は行えなかった。

日本の開国維新に比べ、いかにも好対照ではないだろうか。

中国は過去の五〇〇〇年の歴史を誇り、それに世界の中心という自負（華夷《かい》思想）が強すぎたため、世の中の変化に見向きもしなかった。自信過剰と変化に対処する対応力の欠如が、社会進歩発展の足かせとなり、今にも残る、死に至る中国病となっている。

明治維新を軽蔑した中国・朝鮮の先見性のなさ

中国と朝鮮の知識人が、明治維新の成功を驚嘆、さらに羨望《せんぼう》の眼差《まなざ》しでみるようになったのは、日本が日清戦争と日露戦争に勝利してからのことである。それ以前は賞賛よりも、日本の異変をずっと軽蔑《けいべつ》の目でみていた。そのことはむしろ、中国・朝鮮の知識人はいかに時代を見る目がなかったかということを物語っている。

大中華も小中華も、初めのうちは明治維新を易姓《えきせい》革命（中国の王朝交替に見られるような、ある姓の天子を廃止して別の姓の者が天子の位につくこと）であるとみなしており、維新派を征伐、懲罰《ちょうばつ》すべき暴逆非道の徒として、徳川政権復辟《ふくへき》の強硬論まであった。欧化についても、「焚書坑儒《ふんしょこうじゅ》」「禽獣《きんじゅう》への道」とまで考えていた。それは天朝朝貢秩序と華《か》夷《い》思想からくる世界観、人間観、歴史観、価値観であろう。

清国は日本の開国維新当時、すでにアヘン戦争に負け、太平天国の乱で、帝国の崩壊寸前の内傷までを負った。それでも明治維新を理解することができなかった。

明治維新後の一八七〇年代、清国官僚はなおも明治政府を不法・暴逆によって幕府から権力を奪取したと考えていた。

彼らは維新・洋化を「朝令暮改で児戯の如《ごと》し」「西服に改め、洋言を効《なら》い、焚書にして法を変えしむ」「風俗を改むるに甚《はなは》だ荒唐《こうとう》無稽《むけい》、正朔《せいさく》衣冠の祖制亡ぶ」とけなしていた。

それどころか清国政府は、徳川政府に対する天皇の造反であると憤《いきどお》り、江蘇《こうそ》按察《あんさつ》使《し》（治安長官）の応宝時《おうほうじ》らが、「不義不道」の日本征伐、懲罰まで唱えていた。

清国官僚は、「精鋭なる軍万人を選び、ただちに長崎を撃ち、進んで倭都に迫れ」ば、日本の民衆に熱烈歓迎され、「天に代わりて不義を討つ」ことができると思い込んでいた。

今から考えれば、まったく時代錯誤な妄言愚語であった。しかし当時としては、叛臣賊《はんしんぞく》子《し》に対して、「天に代わりて不義を討つ」ことこそ、春秋の大義であり、正人君子としての天命であった。

支那人にとって仮に天変地異があっても絶対不変不易《ふえき》のものとは、開祖が決めた「祖法」である。易姓革命の国であるから、明治維新とは天皇が大君の徳川一族から国を奪ったとみなすのも決して筋違いではなかろう。「西欧に学ぶ」だけでなく、「脱亜入欧」までを目指す日本政府の欧化を、「焚書坑儒」の暴挙とみなすのも、理の当然。だから天朝（清国）としては、天子が万民を統率し、天に代わりて不義を討つというのは、皇帝としての天命であり、天皇に奪われた徳川政権を復活させ、王位を戻すことこそ「王道」であると考えたのだ。残念なのは、日本征伐には荒波を渡る水軍がなかったので、空論に止まったことだ。

じっさい、太平天国の乱後、当時の清国はすでに戦争の余力はなく、洋務運動による富国強兵策は中途半端、近代産業も中国式のずさんな経営で、すべてが失敗した。巨費を投じてつくられた福州艦隊は、清仏戦争で仏海軍の砲撃にあい、一時間足らずで全滅、海の藻屑《もくず》となった。

もちろん、小中華の李《り》朝朝鮮も大中華と同じく明治新政府を認めるわけにはいかなかった。だから開国維新以来、修好をめぐって半島と列島はずっともめにもめていた。

李朝政府が明治新政府からの王政復古の通好を拒んだのは、一八六八年に明治政府が送った書契《しょけい》（外交文書）に書いてあった「皇祖」「皇上」「奉勅」といった「皇」「勅」の文字の争いからはじまった。明治政府は日本の政変と天皇親政を伝えたが、「皇」「勅」は朝鮮にとって清国の皇帝とその命令を意味するものであったから、新生日本が自分たちの上に立とうとしていると考え、書契の受理を拒否。こうした朝鮮側の対応は七年近く続いた。

「西欧に学ぶ」ことが、両班《ヤンバン》から「禽獣の衣服をまとい、禽獣の声をマネする」こととみなされた。

朝鮮が日本を斥《しりぞ》ける「斥倭《せきわ》」の態度をとったのは、単に「反倭攘夷《はんわじょうい》」「衛正斥邪《えいせいせきじゃ》」（正しき朝鮮を守るために、邪《よこしま》な欧米や日本を撃退するという李朝後期の体制的思想）の延長からではなく、維新後の通好要求でさえも倭寇の再来であるかのごとく思っていたからだ。

しかし新生日本の対外進出によって、明治維新への見方も大きく変わり、逆転した。もちろん最大の転機が、日清・日露という二つの戦争であった。

じっさい半島の対日観が変化したのは、一八七五年の雲揚号による開国後からである。

それは翌年の修好条約（日朝修好条約・江華条約）締結後、修信使として訪日団に加わった朴泳孝《ぼくえいこう》、金玉均《きんぎょくきん》らが初訪日で目にした、近代日本への驚嘆と刺激によるものであった。

朝鮮の独立（開化）派は、清国からの独立、改革を決意して一八八四年にクーデターを起こした（甲申《こうしん》政変）が、失敗した。

清国でも日清戦争後、各地の実力者は競って日本の陸軍士官学校へ留学生を送ろうとし、日露戦争後には万を超える清国留学生が日本へと押し寄せた。

一八九八年の戊戌維新では、明治維新をモデルとして伊藤博文を政治顧問に迎えた。

日露戦争後の清国は、岩倉欧米使節団を模倣し、五大臣を欧米日に遣《や》り、明治憲法をモデルにした欽定《きんてい》憲法大綱をつくり、一〇〇〇余年にわたる科挙制度まで廃止して「立憲君主制」を宣言したが、すでに時遅く、辛亥革命によって清国は打倒されてしまった。

甲申政変も戊戌維新も失敗したのは、祖法があるからだ。

中国では有史以来、政治改革が成功したのは春秋戦国時代の秦《しん》国の商鞅《しょうおう》の変法ぐらいのもので、それは明治維新と似た封建制度から中央集権体制への政治改革であった。

しかし秦《しん》始皇帝が中華帝国を建国してから二〇〇〇余年の間、王莽《おうもう》や王安石《おうあんせき》たちのような政治改革は、一度も成功したことがなかった。中国とはあたかも「怪獣」のように、いくら変身しても、あるいは叩かれ、粉砕されても、不死身のごとくすぐさま旧態依然の姿が復活してくるのである。

開国維新という時代の流れの中で、朝鮮半島には太平天国と義和団に似た農民的・宗教的集団である東学党の乱が起こったものの、時代の流れに抗することはできなかった。

いずれにしても、明治維新の成果が、清国・朝鮮にかつてない天地逆転の思想的影響を与えたことは事実である。そして清国や朝鮮の知識人に新たな「歴史認識」を与え、歴史観までを変えたのだ。それは「中華文明の背教者・日本」という意識から西欧文明への改宗の是認、さらに追随、同調へと進んでいった。

そもそも東アジアの世界は、中華思想に基づく中華史観が支配的であった。春秋の大義も、正統主義も、華夷思想も易姓革命も、朝鮮の衛正斥邪もそのひとつである。易姓革命史観からみた開国維新は、まさしく「禽獣への道」であった。ことに鹿鳴館《ろくめいかん》時代の日本人のあの西洋人かぶれの「奇装異服」は、「衛正斥邪」の支那・朝鮮の衛道者《えいどうしゃ》・道学者《どうがくしゃ》（伝統と道徳に固執する保守的人間）からすると、そうであったのだろう。

しかし時は流れ世は移り、列強の時代に唯一生き残る道は、国民戦争に勝つことであった。だから日清、日露戦争後、新生日本に対する支那と朝鮮の憂国の士たちの目は、軽蔑から驚嘆、羨望へと変わっていったのである。

「明治維新は中華文明のお陰」という嘘

ここ百数十年来の間に起こった世界のあらゆる運動、改革、維新までの政治・社会運動で、明治維新を範にしないものはまれである。それだけ「明治維新はなぜ成功したか」ということが研究され、その関心は現在までも続いているといえるだろう。

明治維新への関心の高さは、反日の韓国でさえ朴正熙《ぼくせいき》大統領が新憲法を自ら「維新憲法」と銘打ち、明治維新を手本に「維新体制」をつくったことからもわかる。また、鄧《とう》小平《しょうへい》の改革開放は明治維新を師としていたものだし、ソ連社会主義政権崩壊後のロシア再建も、維新を範にしようとしているほどだ。

かつて明治維新は、ただの「反動的変革」であるとか、「ブルジョワ革命」であるとか、「絶対主義王制への革命」であるとされ、三〇年代には、あの有名な講座派と労農派の論争を巻き起こした。しかし百数十年にわたっても明治維新の成功への世界的関心が失われず、中国やソ連の社会主義体制の変革時に範とされていること、ことにロシア革命やフランス革命が人類史における魅力を失いつつある今日も、なぜか明治維新への関心だけは相変わらず衆目を集めていることは驚きである。

では、なぜ明治維新が見事に成功したのか。もちろんその理由は決して単一ではない。それゆえに論議も多い。たとえば、日本が明治維新によって近代化を達成した要因について、桑原武夫の『明治維新と近代化』には次の一一項目が挙げられている。

①地理的好条件 ②独立国であること ③同族的閉鎖安定社会 ④封建社会の見事な成立 ⑤二五〇年の平和 ⑥教育の普及 ⑦高度のNational unity ⑧日本に哲学なし ⑨適応性 ⑩宗教の無力化 ⑪身分制の徹底的廃止

以上の諸条件は、すべて近代化に欠かせないことに違いないが、それらは日本の歴史が独自に育んできた産物である。では、はたしてそれだけが明治維新を達成できた要因であろうか。

西欧は別として、非西欧諸国の革命や改革、維新、運動、たとえばトルコ革命、イラン革命、さらに百数十年にわたって維新、革命、運動を繰り返しては失敗し続けてきた中国において、以上の諸条件は、いったいどこまで当てはまるだろうか。

渡部昇一氏は「それは神話の時代以来連綿《れんめん》として続いている天皇という日本の超伝統的な要素が、まず先端をきって近代化したためである」(『日本の世紀の読み方』)と明快に論じている。明治天皇という「超伝統的存在」が率先し、徹底的に改革を進めたから成功したのだという指摘は、正鵠《せいこく》をえているだろう。

それならば光緒皇帝の戊戌維新とパーレビ改革の挫折は、その背後にあった「超越的存在」である西太后とホメイニ師に阻《はば》まれたために失敗したのであろうか。

東夷の「小日本」でさえできるものであるなら、「大中華」にはできないことは何もないという自信、過信は、今日に至っても根強く中国人の間に存在している。たとえば、鄧小平は改革開放のスタート当時に、日本でさえこのぐらいの経済大国になれるのだから、まして社会主義国の中国にできないことがあろうか、と発言していた。そうした自信や過信は「小中華」と自負する韓国の知識人にもよく見受けられる。

日本は明治維新から三〇年を経ずに日清戦争に勝利した。だから康有為、梁啓超らが戊戌維新を決行するとき、やる気満々の青年皇帝の光緒皇帝に、「西洋各国が五〇〇年でなしえたことを日本は二〇年あまりでなし終えた。わが国土は日本の一〇倍以上あり、明治維新に倣《なら》えば、三年にして大略なり、五年にして条理を備え、八年にして効果をあげ、一〇年にして覇業を定める」と豪語した。しかも「西洋人が種をまき、肥料を与え、日本人がそれを育て、わが国民は座してその収穫を食するのみ」と、維新改革の大成を「棚からぼた餅」程度に軽く考えていた。

中国人は世界でいちばん頭の良い民族であると、中国人の誰もがそう自慢している。李朝時代の韓国人は、中国人（大国人）に次ぐ世界で二番目に頭の良い民族であると思い込んでいたが、漢江《ハンガン》の奇跡以後は、中国人を上回り世界でもっとも頭が良いと思うようになった。

そのような中韓の民族的共通性から、双方とも西洋が数百年かかって達成したことを、自分たちならば数年でできるという自信、いや狂信を抱くようになった。

この自信過剰と祖法の墨守《ぼくしゅ》、さらに「師夷」（夷に学ぶ）を蔑《さげす》む、つまり夷狄から学ぼうとしない伝統文化への過信にこそ、百数十年来繰り返されてきた中国の変改維新失敗の根本的原因があるのではないだろうか。

逆に明治維新の成功は、中国にみられる失敗の要素を避けられた結果であると言えるだろう。つまり、速成の思想がなく、自信過剰のない実直な実行力によるものだろう。「師夷」を恥とせず、徹底的に「西夷」に学んだからであろう。「祖法」に背き、東洋文明から西洋文明への背教者と言われるまでの「脱亜入欧」、徹底的欧化によるものだろう。

このような徹底さは、中国には今までついぞみられなかったものであるし、また不可能である。中国はいつまでも中途半端だ。たとえば昔の「中体西用」と今の「社会主義市場経済」というのがその象徴ではないだろうか。洋務運動が失敗してからも、全面欧化か、中体西用、つまり物質文明のみ欧化するかという論争は、中国の知識人の間では一〇〇年以上にわたり、今でも断続的に続いている。

郭沫若《かくまつじやく》は明治維新と日本近代化の成功は中国のお陰であったと説いた。その理由は、アヘン戦争以後、列強は全力を中国侵略・分割に集中していたため、日本に構える余裕がなかった、中国は日本の防壁となり、それゆえ日本は中国の陰に隠れてこそと明治維新を完遂させたのだというわけだ。もちろん中国人が口にする「お陰論」でもっとも多いのは、二〇〇〇年にもわたる中華文化の恩恵を受けたからだというものだ。

そのような「お陰論」は、中国人の知識人、在日華僑《かきよう》、中国人留学生の間でとくに多い。たとえば『ノーと言える中国』という著書は、その代表的なもののひとつだ。

その「お陰論」は必然的に日本人の「忘恩負義論《ぼうおんふぎ》」へとつながることになる。どれほど中国からの文化的恩恵を受けたかも理解せず、「恩返し」もままならぬうちに、なんと逆に中国を侵略した、と主張する。蔣介石《しょうかいせき》が日本に対して「怨《うら》みを徳で報いる」と言った「恩義」を持ち出して、あたかも自分が日本に徳を与えたかのように錯覚し、いつもそのことを口にする。

もっと極端なのは韓国人だ。曰《いわ》く、「文化を日本に教えたのに、逆に韓国を植民地支配した。そんな酷《ひど》いことをして良いのだろうか、イギリスは世界各地を植民地支配下にしたものの、ギリシアだけは植民地支配しなかった」……などなど。

じつに笑止千万な論理だ。韓国人はいったいどこまで自国がアジア文明発祥の地、自国が古代ギリシアであるとうぬぼれ続けるのであろうか。

「孔孟《こうもう》の学」をはじめとする中華文化の影響を力説することは、じつに矛盾に満ちている。明治維新が中華文化の恩恵によるものなら、もっとも長くその恩恵を受けていたはずの中国自身が、なぜ自国の維新に失敗しているのだろうか。

日本は思い切って東洋文明を棄て、脱亜入欧を断行したからこそ成功したのである。

中国は列強侵略の盾《たて》になったと言うが、中国は一八世紀末以来二〇〇年近く、外憂よりも内乱――白蓮教《びやくれんきよう》、太平天国、回乱（一八五〇年代から七〇年代にかけて起きた回教徒の反乱）、軍閥、国共内戦――に追われていたのだ。日本にはそれがなかったために維新を成しえたと考えるべきである。

列強時代にあって、時の流れに乗り、小国主義を棄《す》て、大国を目指し、日本の列島から外に向かおうという強国志向の意志があったからこそだろう。

単に幸運であっただけでなく、徳川幕藩国家から変身し、国民全員が近代国民国家の国造りに全精魂を注ぎ込んだからだろう。

満州人が後金《こうきん》国をつくった後、もし中原《ちゆうげん》に進出しなかったら、三〇〇年にわたる清帝国の栄光はなかったであろう。明治国家の国造りもそうしてできたのだ。それが大日本帝国の栄光である。

もちろん、なぜ明治維新が成功したのか、という問いは、百数十年来、あらゆる分野から研究されている大きなテーマのひとつであり、経済や社会の構造面からも、大小さまざまな説がある。アジア社会のどこにもみられない西欧の封建社会と類似するパラレル的な封建社会の存在を理由とするものや、支那や朝鮮の宗族的大家族的な制度的拘束がなく、日本のような小家族は個の自由が強く、社会変革に適していることを理由にしているものもある。

いずれにせよ、明治維新の成功は、決して単一の理由ではない。しかし、「中体西用」のような中途半端なものではなく、背教者とののしられるほどの徹底した姿勢こそ、まず主因として挙げられるのではないだろうか。

世界が驚嘆した日本の急速な近代化

明治維新は他に類例をみない時代の大変革であった。イギリスの産業革命、フランスの市民革命が、ルネッサンス以来の政治、経済、社会、宗教、文化などを変革した以上に、あらゆるものを一挙に変えた大変革であった。それを文明の改宗と言っても決して不適切ではない。

それだけの空前の大変革であり、人類史においていかなる国家国体も、これほどの激変はなかったといえる。ましてやそれは征服などの外力によるものではなく、自己変革であったから、驚愕《きようがく》すべきことであった。それは武士の自死の精神からくるものだとまで説かれることもある。

ゆえにその影響もそれなりに大きく、意義も大きい。

明治維新は日本近代社会への出発点であり、幕藩体制から近代国民国家への転換点でもある。明治維新は「富国強兵、殖産《しよくさん》興業、文明開化」をスローガンに、学制、徴兵制、地租改正によって社会改革を断行した。その歴史過程から、復古、改革、革命という三つの側面をともにもつとも言われている。だからその特徴について、「王政復古」「絶対主義王制」「不徹底なブルジョワ革命」であるといった論争も数多くされていた。

明治維新とほぼ同時期に、ドイツの地方諸侯も、イタリア諸都市も、日本の諸藩と同じく国家が統一され、いわゆる出遅れた「帝国主義」として変身した。

出遅れた「帝国主義」であったから、その批判も多い。たとえば日本では伝統的な政治社会構造が強力に根を張り過ぎていたため、自力でそれを変革できないはずであり、したがって明治維新は外力によって発生したものなのだという。

また、明治維新によって国権が極端に絶対化され、民権が弾圧されたために、日本人民は不幸にも虐げられたという主張もある。

その他、明治維新とは侵略を目的としたブルジョワ専制国家体制確立の過程であり、日本帝国主義時代の前史であるとか、明治維新は未完の革命であるから、第二の維新である民権運動が必要だったとか、明治維新は日本資本主義の誕生から日本帝国主義への転化、そしてアジア侵略とアジア人民の抑圧という必然的結果をもたらしたとか、明治維新は、日本帝国主義、日本軍国主義の生みの親、日本膨張主義の精神的土台であったとか、日本の資本主義発展は、「国内人民を抑圧し、アジア侵略と不可分の関係があった」、明治維新はその元凶、根源だった、などの批判がある。

しかし明治維新は文明史的には、大化の改新以上の歴史的大変革であり、それによってアジアで初めて近代国民国家が生まれたのだ。また、地租改正によって、封建的土地所有関係から近代的土地所有関係へと改革され、土地私有から近代的資本投資の土壌が整い、近代的資本主義社会の基礎ができた。さらには農業社会から産業社会への大変革という側面もある。

加えて、三〇〇諸藩の藩士、町民、農民には、新しい国民統合により、初めて日本人・日本国民としての意識が生まれた。

その大変革によって、植民地への転落を避けられたのだ。日本はここに初めて列強時代の主権（自主）国家としての生存権を獲得し、アジアのいかなる伝統大国よりも、欧米露列強と対抗しうる国家となったのである。

明治維新とは、日本の近代化から、戦後の経済大国化までの原点である。

ドイツ人医師ベルツは、明治維新の急激な変化をヨーロッパ封建制の廃止と比べ、ヨーロッパで五〇〇年を要した文化発展を、日本は中世から一足で成し遂げたと絶賛していた。

日本だけが近代国家に変身し、しかも「脱亜入欧」までを行い、東洋の西洋人になろうとしたことについて、「同文同種同俗同州のアジアの同胞を助けようとしないどころか、逆にアジアを侵略した」という批判があるが、では「万国対峙《たいじ》」の時代の中で、資源や兵力を持たぬ日本に、アジアを助ける余力があったろうか。アジア人は、天助人助に頼るのではなく、自助の自覚を持つべきだ。

孫文は、「日本の明治維新は中国革命の原因であり、中国革命は日本の維新の結果である」と言っている。明治維新が日本の社会変革にとどまらず、アジアへ与えた影響がいかに大きかったか、その大波が戊戌維新だけでなく、辛亥革命までに及んだことは、孫文も語っている。

中国政治の理想は、古代聖人賢人の尭舜《ぎょうしゅん》の禅譲《ぜんじょう》政治と商の湯《とう》王、周の文王、武王の善政とされている。儒家思想の理想も、現在ではなく、遠古の政治に戻すという尚古《しょうこ》主義である。

だから易姓革命とは、遠古への回帰を目指す復古主義である。天下の徳が衰えたときに、社会道徳が堕落し、革命による遠古への回帰によって、ルネッサンスを達成することである。そこで生まれたのが王政復古史観である。

中国の社会変革をみると、すべてが復古であった。復古ではないものは、五・四運動、社会主義革命、文化大革命ぐらいだろう。しかしそれはすべて成功しえなかった。

成功しなかった理由は社会の仕組みが日本とは違ったからだろう。一方、明治維新にも王政復古やブルジョワ革命という側面はある。だがそれだけでは明治維新の全体像をとらえることはできない。だからそれぞれの国の社会を構成する原理から、その社会や歴史をみなければならない。それを無視して、自国の原理を他国に強要するから「歴史問題」のようなことが起こるのだ。

生存を賭けて超大国と戦争せざるをえなかった日本

たしかに日本の近現代史は、戦争ばかりしてきた歴史であった。

一八九四～九五年にかけて、日本は朝鮮半島をめぐり、ずっと東アジア世界を主宰してきた中華帝国（清国）と戈《ほこ》を交わさなければならなかった。

一九〇四年〜〇五年にかけて、日本は当時世界最大の領土を持ち、世界最大にして最強の陸軍大国ロシアと激戦を繰り広げなければならなかった。

一九三七年からは、当時の日本の一〇倍という世界最大の軍隊を持つ中華民国と戦争しなければならなかった。

一九四一年から「持たざる国」日本は、「持てる超大国」のアメリカと、太平洋にまたがって史上空前の大海戦を展開せざるをえなかった。

では、なぜ日本は「過去の一時期」に、これほど多くの戦争をしたのだろうか。ここで絶対に欠かせないのは、「明治以降日本はなぜ超大国とばかり戦争をしなければならなかったのか」という視点だ。じっさい、日本は超大国としか戦争しなかった。

「小日本」は身のほどを知らなかったから、いつでも「井の中の蛙《かわず》」のように「夜郎自《やろうじ》大《だい》」に振る舞い、相手構わずドン・キホーテとなり、今なお非難されるような、無謀な戦争をしてきたのだろうか。

よく言われるのは、「そもそも日本は『武の国』である。それゆえ好戦的であった。日本は古来から侵略国家で膨張主義的民族性があるから、明治以後の国家指導者は東亜侵略から世界最終戦争論までを主張したのだ」というものだ。

また、一九二〇年代の大正デモクラシーから一転して、三〇年代に日本軍国主義や超国家主義が台頭し、アジア侵略の野心が燃え広がったのだとも言われる。

このように、日本は「武の国」であり、「文の国」中国・韓国の対極として、あたかも好戦的な国のように語られることが多い。しかしそれはとんでもない誤解だ。

「武の国」といっても、それは単に武士の国であり、勇気がある国であるということしか意味しない。近現代史をみても、江戸時代は三〇〇年近くの平和が続き、戦後も半世紀以上平和である。それに比べて、中国は有史以来、ほとんど戦争のない年はなかった。一八世紀末からも内戦続きで、戦後になっても争乱が絶えなかった。近現代において、平和な日本と戦乱ばかりの東アジアとは好対照だ。

「兵は数でもなければ武器でもない。イデオロギーによって武装された『革命精神』はどこにでもある。日本はこのような『忠勇無双のわが兵』と『神国不滅』という狂信から侵略戦争を始めた」と力説する者もいる。

だが、誰が好んで、小が大に、弱が強にわざわざ戦いを挑むだろうか。たしかに、少が多に勝ち、弱が強に勝つ、あるいは柔が剛を制するという老荘の哲学や孫子兵法以来の戦略戦術もある。史例においても「上兵は謀《はかりごと》で勝つ」という戦いは決して異例珍例ではない。

しかし日本は勝算があって超大国へ挑戦し続けたわけではなかった。日本の列国との戦争は、常に「国家存亡、この一戦」に賭《か》け、背水の陣をしき、死力を出し切らざるをえなかった。それは追いつめられたネズミが猫を嚙《か》むといった、弱者による強者への逆襲であった。

周知のように一九世紀から二〇世紀にかけて、列強や先進国以外の国々では内戦か朋党《ほうとう》の争い（内訌《ないこう》）が絶えなかった。だから政治は極めて不安定であった。第二次大戦後でさえ、世界は決して安定していたわけではない。東西対立という冷戦の中で、地域的熱戦は相変わらず続いた。さもなければ絶え間ないクーデターだ。朝鮮戦争とベトナム戦争やカンボジア戦争がその象徴である。

世界史的には一九世紀も二〇世紀も戦争の時代であり、紛争が各地で次々と勃発《ぼっぱつ》しただけでなく、二度にわたる世界大戦までも起こった。

戦争の時代には、もちろん強いものが勝つ。だからいかなる国であろうと、列強になろうとしていた。列強になれなかった国には、植民地か保護領か、併合されるかの命運が待っているのみだった。もちろん緩衝国として独立国か半主の国となったこともあろう。

このような時代で生まれたのが明治国家であった。ナポレオン戦争をみてもわかるように、国民国家は断然と強い。だから明治国家に限らず、いかなる国家の指導者たちも民衆の力を結集するために民族主義を鼓吹し、懸命に国民国家をつくろうとした。

もともと世界には「固有領土」という概念はなかった。土地というのは神様のものだ。そもそもオスマン・トルコ人の祖国は、中亜ではなく、北亜にあった。ロシア帝国の生誕の地はボルガ河畔のモスクワ大公国、大モンゴル帝国はモンゴルの草原、清帝国は満州の辺境、中華帝国は中原にあった。それが人類の歴史であり、国家膨張の歴史でもある。

国境の変更があまり好ましくないと思われるようになったのは、つい最近のことである。かつて、いかなる国家や民族であれ、国家の領土を最大限にまで拡張した者は、国史の中で最上の栄光をもって讃えられてきた。その名を永久に歴史に残すために、「大帝」と称されたり、中国ではその武功を讃えて「武帝」と追諡《ついし》している。

明治国家はアジアでは最初の国民国家として国造りを目指していたものの、地球の時代からすれば出遅れたといえる。すでに海のほうでは、大航海時代のポルトガル、スペイン、オランダに代わって、英仏が新大陸や旧大陸、海の島々までも自国領として抑えていた。ロシアも同時代に強敵なく、中亜から北亜へと次から次へと広大な領土を手に入れていた。

明治国家の八〇年前に生まれたアメリカは、大西洋岸の一三州から太平洋岸にまで領土を拡大させた。さらに黒船はその尖兵として触手を日本列島へと伸ばした。

明治国家の国造りの時代には、列強によるアフリカの分割はすでに完了し、清国の分割もほぼ決められていた。しかし列強の熾烈《しれつ》な競争はますます激しさを増していた。それは第二次大戦の後でも冷戦という形で受け継がれた。

日本列島に押し寄せる列強の脅威は、黒船来航後、完全に消えたのではなかった。

弱肉強食の列強に対抗するためには、日本も富国強兵策によって列強とならざるをえなかった。超大国のいかなる挑戦にも、武士の国・日本は果敢に応戦しなければならなかった。

列強時代・戦争の時代には、いかなる理由であろうと戦争は避けられない。アフリカの角と言われるエチオピアもイタリアに占領され、世界の屋根チベットまでも中国人民解放軍による軍事占領が現在でも続いているではないか。

「持たざる国」だから国民の不満のはけ口、あるいは不況を克服するためにも「持てる国」へ挑戦せざるをえなかったのではない。

ＡＢＣＤ（米英中蘭）に加え、Ｓ（ソビエト）包囲網に囲まれた日本が、応戦せずにその難局を脱出する方法はあったろうか。

アメリカは日本に対し、理不尽にして宣戦通告に等しい「ハル・ノート」を突きつけたが、このような最終通告を目の前にして、応戦しないで済ませられる国があるのであろうか。いかなる弱小国でも戦いは避けられなかったのではないだろうか。

支那の過激な反日・抗日運動に挑発し続けられても、「暴支膺懲《ぼうしようちよう》」で逆襲しない国家はあろうか。

万国対峙、弱肉強食の列強時代に小国日本がつねに超大国とばかり戦争せざるをえなかったのは、生存権を守るための起死回生の応戦であった。

日本はなぜ兵力一〇倍以上の大清帝国に勝てたのか

「日清戦争は日本のアジア大陸侵略の始まり、そして南京大虐殺の原点はそこにもあった」と指弾する日本の歴史学者が少なくないことには、驚きを禁じえない。

いくら歴史をつまみ食いしても、日清戦争を侵略戦争として非難する日本人学者は、あまりにも荒唐無稽で、日清戦争の全体的性格をまったく捉《とら》えていない。日本の先人が持っていた戦争観との乖離《かいり》は、じつに甚《はなは》だしいと言わざるをえない。

アヘン戦争後、列強の触手は確実に大陸、そして東アジアへと伸びつつあった。だが、清国の体制は旧態依然であり、しかも前述したように維新後の日本を敵視するという時代錯誤ぶりで、朝鮮との宗属関係を保護属国関係にまで強化した。

このままでは列強の勢力は中国、朝鮮、そして日本にも及ぶことは必至。日本は危機感を募らせるが、清の日本に対する威圧は続いた。そこでついに日本は朝鮮独立を求めて清に宣戦布告した。

だから、当時の日本の知識人はたいてい、日清戦争を「義戦」とみなしていた。

たとえば福沢諭吉は、文明VS野蕃（蛮）との戦いであると捉え、「日清戦争は文野の戦争なり」、「文明の義戦」と語った。また、人道主義者のクリスチャン・内村鑑三も、戦争目的を朝鮮独立のための義戦と考え、「文化を東洋に施《し》きたくその平和を計るにあり」と明確な戦争目的を示し、さらに「日本は東洋における進歩主義の戦士、ゆえに進歩の大敵である支那諸国を除けば、日本の勝利を希望しないものは、世界万国にあるわけがない」とみなしていた。

戦争目的はたいてい詔勅や宣戦の布告文の中――それが単なる大義名分だとしても――で述べられている。

天皇の詔勅には「朝鮮ヲ属国化シ、独立ヲ阻害シテイル清国勢力ノ排除」としている。さらに詔勅には「朝鮮ヲシテ禍乱ヲ永遠ニ免シ、治安ヲ将来ニ保タシメ、以ツテ東洋全《すべて》ノ平和ヲ維持セム」と記されている。

「日本人はいくら天に代わりて不義を討つ『義戦』と主張しても、孟子が指摘しているように『春秋に義戦なし』だ。レーニンは『正義』と『不義』の戦争があると言ったが、

『正義』と『不義』の思想こそ平和を乱す根元だ」と思う人もいるかもしれない。

では日本人の立場からではなく、清国の側からはこの戦争をどう考えていたのだろうか。

アヘン戦争以来の清国にとって日清戦争は、西夷に対する懲罰戦争と同じく、東夷の日本に対する懲罰戦争であったと私はしばしば指摘してきた。

大清皇帝の「詔諭」には、「皇恩を知って、改悛《かいしゅん》すれば、懲罰せずにその暴虐を許せる」や「わが朝が外夷を撫馭《ぶぎょ》するには、ひとえに恩義を以《も》ってする。各国が恭順であれば、礼を厚くして待遇し、ともに昇平の世を楽しもうとする」とあるが、これが中華帝国の不変な天下国家の華夷思想であった。アヘン戦争から一九〇〇年の北清事変——義和団の乱に至るまで、東亜をめぐる戦争は、ほとんどが東亜の主宰者と自負する大清帝国の対東西夷の懲罰戦争と思ってよかろう。

清国の対日宣戦詔勅には「朝鮮ハ我大清ノ藩屛《はんぺい》タルコト二百余年、歳ニ職貢ヲ修メルハ中外共ニ知ル所タリトアリ」「迅速ニ進勦《しんそう》シ、厚ク雄師ヲ集メ、陸続ト発シ、以ツテ韓民ヲ塗炭《トタン》ヨリ極ハシム」と言い、日本をあたかも清国の属藩に侵入した匪賊と見立てて討伐する戦争観だった。

もちろん清国の民衆も、東夷倭寇《わこう》の天朝に対する「造反」とみていた。

もともと、日本の「中国侵略の意図」よりも、むしろ清国のほうに東夷（東洋鬼《トンヤンクエイ》）の小日本を征伐する意図が明治維新後からずっとあった。清国では、洋務運動による富国強兵策の高揚にともなって北洋艦隊と南洋艦隊をつくったが、同時に日本の巨砲大艦の建造や台湾出兵と琉球《りゆうきゆう》処分に対し、清国では「対日懲罰論」が高まり、「征日論」がさかんに台頭しはじめたのだ。

当時清国は東亜最大の軍事大国であった。四億の民と四百余州の大清帝国は、日本にとって大陸飛躍の夢の対象ばかりではなく、逆に大きな脅威でもあった。福沢諭吉の『兵論』によれば、清国の兵力は一〇八万だったのに対し、日本はたったの七万八〇〇〇人。人口も一〇倍以上、領土は数十倍の伝統大国であった。国際世論も清国必勝論が圧倒的であった。

だがいざ決戦となると、どの戦場でも清は無残に敗退した。

日本の総動員兵力は二四万人、そのうち軍夫が一七万八〇〇〇人、兵士六万余人。犠牲者一万三〇〇〇人のうち、病死者が九割以上、戦死者はたった一五〇〇人だけであった。

ではなぜ超大国の清が小日本に負けたのであろうか。

清は一八八五年に海軍衙門《がもん》(海軍省)を設立したが、四〇〇〇万両の海軍年間予算の大部分が西太后と醇《じゆん》親王の頤和園《いわえん》建築に流用された。一〇年間で二〇〇〇万両が横流しされたというから、約半分が流用された計算だ。

北洋艦隊が一八八八年に発足した当時、軍艦二二隻、大小艦隊を合わせて総数五〇隻、約五〇万トンを擁した。

しかし、外国人乗務員は維持費が高いということで、大量解雇を行った。外国乗組員の賃金が高いのは、たとえば定遠、鎮遠、済遠の主力三艦艇の乗組員の賃金をみると、清国将校一人平均月額七〇両に対し、外国人一四〇両と二倍、総教習ランクになると月給は銀七七五両で約一〇倍、砲手は銀三〇〇両で、中国人砲手の八倍という高賃金であった。設立時に五十余人いた外国人乗組員は日清戦争時には八人しか残らなかった。

北洋艦隊に対抗するために、日本海軍は対清戦争を想定して編成、装備、技術、速力の面で増強し、巨砲大艦において劣るとはいえ、速力、新式の速射砲を装備した点で清の軍艦に勝っていた。

勝敗は時の運によるとはいうものの、北洋艦隊は李鴻章《りこうしょう》の私財を投じたもので、損害を最小限に抑えるために受動的戦略しか取れず、経費節約のために、指揮命令系統の連繫《れんけい》訓練にも欠け、砲弾も不足したため、とうとう戦意を失い、潰滅《かいめつ》してしまった。

戦争のもっとも基本的な性格からみると、日清戦争は新興の国民国家VS前近代的な老大国の戦争だった。日本の国民軍VS清国実力者・李鴻章の私兵との戦争とも言える。

戦争というのはそれぞれの伝統文化によって、その戦争様式が異なる。兵士が民衆を略奪、虐殺するのが支那の伝統的戦争様式であった。たとえばアヘン戦争当時、増援に来た湖南兵は広州市民に対し略奪を行い、民兵と交戦した。兵士が民衆から略奪するのは士気が高い証拠だと、逆にその戦力が評価されるのが支那の戦力評だ。

支那の戦争文化から、そして戦史からみても、一路敗走、略奪、虐殺をしたのは日本軍ではなく、清軍であった。

清国軍隊は李鴻章の私兵、傭兵《ようへい》であったため、組織的には少年から老人に至る兵員は極めて乱雑、規律や訓練も徹底されずに統率できていなかった。

清国側では、日本のように後方の野戦病院の設置や軍夫の働きもほとんど期待できなかった。

清国には全国の兵員動員計画はなく、各地の政界実力者はむしろ傍観か、南洋艦隊のように中立宣言をする、あるいは李鴻章の敗北、失脚を願っていた。

清国は戦費をイギリスの香港上海銀行から高金利で借りていたのに対し、日本政府は戦時公債を発行し、戦費を集め、国民戦争としての国民の関心を高めることに努めていた。

清国兵士は国民戦争というより盗賊討伐の意識しか持っていなかった。しかし日本政府は近代国民戦争として、全体的戦略と戦術があったのだ。

人民中国になってから、清が日清戦争に負けたのは李鴻章の「敗北主義路線」のせいだという非難に終始したが、戦争においてはじめから「敗北」を決めているという主義や路線を持っていたものがあるだろうか。誰であろうと好んで最初から負けるつもりで戦争をするはずがない。

大清帝国は、アヘン戦争も清仏戦争も西夷に負けたものの、日清戦争において、まさか東夷の小日本までにも負けるとは夢にも思っていなかった。中国や韓国人学者は、清国が全力を尽くさなかったとか、もう少し戦えば日本は大変な目に遭っていただろうと負け戦を悔しがるが、さもありなん。

全力を尽くさなかったというよりも、尽くせなかったのだ。清には徴兵制度がなく、民衆をも信用してはいなかった。むしろ武器を持つ民衆を何よりも恐れていた。民衆はすべて「家奴」（家内奴婢《ぬひ》）とみなしていたものの、一八世紀末の白蓮教の反乱から太平天国、捻匪《ねんひ》（一九世紀半ばの農民反乱）、回乱に至るまで、一〇〇年も内乱が続いた教訓があったからだろう。

だから国民のない清国は、近代国民戦争に勝てるはずはなかったのだ。

白人のアジア観を一変させた日露戦争の勝利

中国政府は、日露戦争を日本の中国侵略戦争として教えている。なぜなら戦場が満州であり、中国の領土で日露両国が死力を出しきって戦っていたからだという。しかも中国政府は、ロシアについては何も言わず、日本だけを侵略者扱いしている。ならば、私は聞こう。

それなら、日露戦争の戦場はどこにすべきだったのだろうか。日本海海戦は、清国以外の海で戦ったはずだ。

何のために日露戦争が起こり、清国はいったい何を失ったのか。日露戦争の背景を知らなければ、何のための日露戦争であったかも理解できない。

歴史からみれば、ロシア帝国と清帝国の膨張主義は、ともに一八世紀初の最盛期を迎える時期に勢力を接し、そこで清露国境を画定したのがネルチンスク条約（一六八九年）であった。しかしアヘン戦争以後、ロシア勢力が南下し、一九〇〇年の義和団（北清）事変を契機に、ロシア軍は全満州を占領した。そこで日本をはじめとする列強勢力と対立した。日清戦争の勝利により、日本は朝鮮半島から清の支配権を除いたが、今度はロシアが脅威となった。朝鮮半島をめぐる日露対立は満州にまで伸び、日英同盟が締結され、日露戦争の背景となった。

そして日本の勝利によって世界史は大きく変わったのだ。日本からすれば、生死存亡を賭けた一戦で、ロシアから満州を奪回したわけであり、この一戦でロシア勢力の南下を阻止したのである。そのとき支那人はいったい何をしたというのだろう？

当時清国分割は、英仏独露列強の間ですでに決められていた。もし日露戦争に日本が不幸にも負けていたら、満蒙疆《まんもうきょう》がロシアの手に下っただけでは済まなかった。日露戦争は清国分割を回避しただけでなく、欧米露の白人勢力が大陸から退潮するきっかけにもなったのだ。

当時の日本人からすれば、日露戦争の最大の受益者は中国人であり、「日本の中国侵略」などと非難するのはもってのほか、恩を仇《あだ》で報いる浅ましい行為だと思うだろう。

日露戦争で「ヨーロッパ反動の砦《とりで》」のロシア帝国が「極東蕞爾《さいじ》の小国」日本に敗れたことは、世界にとっては驚天動地のことであった。近現代史上、はじめて白人が黄人に敗れた事件であり、清国のみならず、インド、ペルシア、トルコ、エジプトまでが驚異に思い、有色人種の自信となり、大騒ぎをしていたことは、多くの書物によって語られている。孫文や、ネールはその代表的人物であった。

インドのネールは、「小さな日本が大きなロシアに勝ったことは、インドに深い印象を刻み付けた。日本がもっとも強大なヨーロッパの一国に対して勝つことができたならば、どうしてそれがインドにできないといえようか」「だから日本の勝利はアジアにとって偉大な救いであった。インドではわれわれが永らくとらわれていた劣等感を取り除いてくれた」と言っている。日露戦争はアジア人の白人に対する劣等感を払拭《ふっしょく》したのである。

孫文は「今ではアジアに日本があることで、白人はアジア人を軽蔑しなくなってきた。アジア人全体の国際的地位が高くなった」と言っている。それが当時の時代感覚というものだ。

列強の時代は、「大国」「強国」の時代とみてよかろう。当時「万国公法」があっても、じっさいの国際問題は、すべて「力」によって処理されたのが政治・外交の現実である。たとえば、明治初期当時の李鴻章は、清国だけでなく、日本やその他のアジアの弱小国も力を合わせて西洋に対抗すべきだと主張していたのに対して、当時の駐清公使（明治九年）の森有礼《もりありのり》は、まったく反対意見であり、国際政治はいずれ強いものが勝ち、必ずしも条約に依拠する必要はないと反論、これは現在からみると正しく卓見であった。

当時のヨーロッパでさえそうであった。ビスマルクがプロイセンからドイツ帝国を築き国を築き上げたのもそうであった。要は「戦争に勝つ」ことが何よりも優先されていたので、「万国公法」に依拠するのではなく、「物理的力」で「国際政治・外交」を処理するのが列強時代の生存法則であった。

だから日本の「脱亜入欧」は「小国」から「大国」への道であり、列強時代における「最適の選択」というよりも「唯一の選択」であった。それは清国のみならず、越南《ベトナム》と朝鮮の運命をみれば一目瞭然である。

一九〇〇年の義和団事変は、中国近代史上の民衆運動・民族運動の大きな転換期であったと思われているが、むしろ日露戦争における日本の勝利を大きな転換点とみるべきだ。

それ以前の中国の政治・社会変革運動の担い手は、ごくわずかな知識人や実務官僚に限られていた。

たとえば戊戌維新については、実力官僚の張之洞《ちょうしどう》や劉坤一《りゅうこんいつ》らの発議によって「変法自《へんぽうじ》強《きょう》」「興学育才」が唱えられたものの、いざ実行となると、老獪《ろうかい》にして老練な現実的政治判断で戦線から離脱、結果的には若い世代の康有為、梁啓超ら理想主義的知識人が主力とならざるをえず、彼らが犠牲者となり、あるいは亡命せざるをえなかった。義和団事変も山東、北京を中心とするごく一部の武術集団の「扶清《ふしん》滅夷」騒ぎであって、民衆や民族という全国民的なレベルの運動ではなかった。

日露戦争の前には、日本の清国留学生によって、東京上野の精養軒で「支那亡国二四〇年記念会」（一九〇二年）が開かれたり、反ロシアの「拒俄《きよが》（ロシアに抵抗する）義勇隊」の組織が出て、活動が尖鋭化《せんえい》したことは事実である。しかし逆に清国は留学生取締りを強化した。

清国をはじめとする国々の政治変革と民衆の自覚に大きな影響を与えたのは、やはり日露戦争であった。

当時の世論では、「セイロンから日本に至る全仏陀《ぶつだ》の国の思想及び生活は再び一致しうるだろう」「大陸の内地では至る処《ところ》、もっとも無知な農民にもかような報知は行き渡っている」と、西洋隷属からの解放と独立の黎明《れいめい》の到来に欣《きん》喜雀躍《きじやくやく》していた。

当時孫文もイギリスからの帰途で、スエズ運河を通っていたとき、たくさんのアラビア人から「おまえは日本人か」と問いかけられ、喜びをともに分かち合ったと「孫文全集」に述べられている。

当時、清国の新聞雑誌には、「東方民族が西方民族を打ち破った」「四十余倍の土地、三倍の人口を持ったロシア、しかも地の利のあったロシアが小国日本に負けた」「白色人種は強く、黄色人種は弱いという従来の考え方は、ことごとく破産し、すべてのわれら黄色人種は、これにより大いに奮起せねばならない」「ここ数百年来の、アジア人が成しえた欧州人に対する最初の勝利である」「中国の前途は有望である」などの文句が躍り、清国をはじめ、全アジア人に大きな希望と自信を与えた。

事実、日露戦争の勝利によって清国留学生が日本に殺到、一九〇五年に興中会《こうちゅうかい》、華興会《かこうかい》、光復会《こうふくかい》の革命三派が東京で中国革命同盟会を結成し、革命派の主力となった。二〇世紀の中国の反満、反帝民族、民衆運動は、日露戦争の勝利からスタートしたと言えよう。

日露戦争は、普仏戦争以来の大国間の本格的戦争であった。西方では後発国のプロイセンがフランスに勝ち、東方では後進の日本がロシアに勝ったことで、列強の勢力図が大きく変わった。日露戦争後にロシア勢力は後退し、一九〇七年には英露協商に転じ、列強対立の主軸は英対露から英対独に代わり、第一次世界大戦の遠因ともなった。もちろん、日露戦争を通じて兵士、兵器だけでなく、戦略、戦術の変化も起こった。さらには軍事思想までを変えた。ヨーロッパ史や世界史へも大きな影響を与えた。

もし日本が負けていたら、社会主義諸政党によるロシア革命は、かなり遅れるか、あるいは弾圧され、ロシア領から完全に消えていただろう。ロシア帝国支配下にあるフィンランド、ポーランドなどの東欧、北欧諸国の独立もどうなっていたことだろう。

陸のロシアと海のイギリスとの対立はさらに続き、英米独仏露による列強の合従連衡《がっしょうれんこう》関係はさらに変化し、世界史もそれによって変わっていただろう。

では、もし日露戦争に負けていれば、日本自体はいったいどうなっていたであろうか。

日本にとって日露戦争は、元寇《げんこう》以上の危機であり、日清戦争以上に苦戦極まりないものであった。さながらの「生死存亡、この一戦」の賭けであって、決して初めから勝算あっての戦争ではなく、追いつめられた戦争であった。当時の日本は、帝国主義戦争というほどの、列強としての実力、資格はまだなかった。日露戦争に勝ってから列強の仲間入りを果たしたと言えるであろう。現在のG7の一員として認められたようなものだ。

もし日本が負けていたら、いったいどういう敗戦処理になっていただろうか。

いわゆる「万国対峙《たいじ》」という弱肉強食の時代には、敗戦国に対する処遇は大東亜戦争後の日本の敗戦以上に過酷になっていただろう。日本は膨大な戦費と賠償金により、数十年か数百年は立ち上がれない、最貧の海島となっていただろう。それが列強時代の宿命である。というのは、第一次世界大戦後の敗戦国、ドイツに対する過酷な戦後処理によってナチスが生まれ、ヨーロッパを火の海にしたが、世界がそうした過酷な賠償を反省したのは第二次大戦後のことだったからだ。そのため、第二次大戦後の戦後処理は、今までのいかなる大戦よりも寛容となった。

もし日露戦争に日本が負けていたら、まず、満州だけでなく、朝鮮半島もロシアのものとなっていただろう。

仮に日本が亡国から免れていたとしても、北海道の割譲は免れられなかったであろう。北のほうはロシア勢力の南下に悩み続け、四方八方から列強の脅威にさらされ、日本は近代国家として今日まで生き延びることは難しかったであろう。

ゆえに、近現代史の中での日露戦争の勝利は、日本にとって、いかなる戦争よりももっとも重要なる生存の条件を得た戦いだったと言える。

日露戦争当時の国際世論は、ほとんど日本必敗とみなしていたが、「幸運」にも日本は生き残った。

しかし、現代の中国・韓国人学者は、日本が日露戦争に勝ったことについて、祝福するよりも呪詛《じゅそ》する者が多い。

もし日本が負ければ、「日帝三六年」もなかったろう、「中国侵略」もなかったろう、と安易に考えているからだ。

だから日露戦争に勝った日本を痛罵《つうば》し、悔しがり、蔑んでいる。曰く、日本は日清も日露も、「太平洋戦争」の初戦も、すべて卑《いや》しい奇襲で勝ちを収めた。日本が実力でロシアに勝ったのではなく、英米の代理戦争だった……など。

たしかに日露戦争は、日本の実力以上の戦争であり、幸運で勝ったと言えないこともない。

しかしいつまでも怨みつらみだけで歴史をみていては、決して正しい歴史認識はできない。

もし日露戦争に日本が負けていたら、韓国も中国も、ロシアによって列強から解放されていたとでも思うのだろうか。列強時代の「万国対峙」という現実から史評、史論を語らなければ、まったく意味がない。

すべて日本のせいにする日本侵略史観のでたらめ

日本のアジア侵略について、日清戦争から説き始める歴史学者は多い。もちろんそれでも不満に思う学者も少なくない。

彼らは、もっと早くからアジア侵略を始めていたと主張する。日清戦争の一〇年前（一八七四年）の台湾出兵（牡丹社事件《ぼたんしゃ》）、その後の琉球処分、「江華島事件《こうかとう》」からだとする。

牡丹社事件とは難破した琉球朝貢船の漂着民が台湾南部で牡丹社原住民に殺害された事件のことだ。日本政府は清国に抗議したが、清政府は「化外の地」として関知しなかった。そのため日本政府が出兵してその罪を問うたのだ。

それが侵略戦争ならば、韓国軍のベトナム戦争も侵略戦争だろう。中国史で「興師問《シンスウウン》罪《ツエイ》」（師を興して罪を問う）や「征伐」「討伐」と書かれている出兵もすべて侵略となるはずだ。

さらには、日本のアジア侵略の陰謀はすでに江戸時代から始まっていた、という主張もある。佐藤信淵《のぶひろ》（一七六九～一八五〇）の「支那経略論」や吉田松陰らの経国の論は、すべて侵略意図を明文化した確たる証拠だとも主張される。

しかし紙上の「経略・経論」論議が侵略の意図になるならば、あらゆる国家戦略論、超国家主義論、世界革命論はすべて侵略主義になってしまうであろう。

日本のアジア侵略はもっと早く、すでに豊臣秀吉の朝鮮侵略（壬辰倭乱《じんしんわらん》）から大規模に始まっていたのだと唱える者もいる。

それならば、同時代の満州のホンタイジによる朝鮮出兵（丙子胡乱《へいしこらん》）から北京入城、中国征服までを、中国史では朝鮮侵略、中国侵略と書いているのだろうか。じっさいは中国統一、清王朝樹立、朝鮮臣服だと教えているが、なぜ「侵略」ではないのか。

もっと前に倭寇のアジア侵略があったという論もある。

しかし倭寇は時代によって構成メンバーの国籍がかなり異なる多国籍海上略奪貿易集団であった。日本人だけでなく、支那人、高麗《こうらい》人、仏郎機《フランキ》（ポルトガル・スペイン）人も多く入っていた。しかも、略奪貿易だろうと密貿易であろうと、日本政府は厳しく取り締まっていた。国家侵略とは別次元の話である。

もっと古代の神功皇后《じんぐう》の「三韓出兵」、「白村江《はくそんこう》の役《えき》」が半島侵略の開始とも指摘される。

しかし、こんな古代史の征戦まで侵略戦争となるならば、アレキサンダー大帝のオリエント遠征、ハンニバルのローマ遠征をも「侵略戦争」と語る歴史学者はいるのだろうか。

「とにかく日本人は侵略の民族だ。飛鳥時代にも奈良時代にも、日本は国家として関西の領域を出なかった。日本の古代侵略戦争はすでに神話時代の日本武尊《やまとたけるのみこと》の東征から始まり、いわゆる征夷大将軍が東の夷《えびす》から蝦夷《えみし》までの列島諸国、諸民族の領土を侵略し、今日の侵略国家をつくったのだ」と反論する者もいる。

このような手合いでもっとも多いのは、韓国人学者である。日本の国内統一を「侵略戦争」と非難しながらも、半島の新羅《しらぎ》による三国統一を最初の統一国家と誇りにすることこそ二重価値基準《ダブル・スタンダード》だろう。

国家というものは人類の歴史とともにそのままあったものではない。近代国民国家と近代以前の国家とではまったく次元の違うものだ。神話の時代から侵略国家としての日本を語るというのであれば、すべての国家は侵略によってつくられたと言ってよかろう。

明治維新以後、日本の国造りの過程で起こったすべての戦争は、日清、日露、日中、大東亜戦争であろうと、侵略戦争として見るべきではないと私は考えている。戦後、米英の東京裁判史観や中ソのコミンテルン史観が日本人の支配的史観となったことは確かだ。私にもっとも強い影響を与えたのは、小学生のころから叩き込まれた伝統的中華史観である。しかし私は以上のいかなる史観も受け入れられない。むしろ私は自分史から歴史をみるし、そう歴史をみたい。

歴史は時代のさまざまな出来事の積み重ねによってつくられてきた。その時代の背景や制約を無視して歴史を語り、歴史を論断するのはあまりにも意味がないことだ。

私が戦後主流となった侵略史観に同調できないのは、時代の必然性を無視し、史実に基づく真摯《しんし》な歴史の見方をしていないからだ。

一九四三年のカイロ宣言には、千島、樺太《カラフト》、あるいは台湾といった地域は日本が盗んだ領土だと書かれている。しかし、それは嘘だ。盗んだものではなく、侵略したものでもない。ちゃんとロシアとの千島・樺太交換条約、台湾の永久割譲は清国との下関条約によって決められたものである。

朝鮮半島侵略や植民地史観に同意できないのは、統監政治にしろ、総督政治にしろ、それは国際法に乗っ取った数々の日韓協約によって決められたものであり、そのうえ、半島経営の実態からみてもこれを侵略と植民地化として語ることは良心が許さないからだ。その詳細は第三章で述べるが、いったいどこが侵略、植民地化なのだろうか。

満州国を日本の傀儡《かいらい》国家、植民地と決めつけるのは政治的な言辞で、満州の歴史からも満州国の現実からも侵略史観で語るのはいかにも事実無根だ。中国侵略は、中国内戦の罠にはめられた日本の不覚である。これについては第二章で触れる。

北清事変（義和団事件）の八カ国連合軍にも、日本は列強の一員として支那侵略に加わったとされるが、史実ではない。西太后は万国（世界）に対して宣戦布告していたのだ。つまり八カ国連合は、治安維持のためにユーゴに介入したNATO軍と同視すべきではないだろうか。

また、大東亜戦争はABCD包囲網に苦しめられた日本が、自存自衛のために列強に対抗した最終戦争であり、どこが侵略といえるのだろうか。

日本＝「侵略」。戦後の日本の資本と技術の移転までも日本の「経済侵略」として譴責《けんせき》し、何でもかんでも「侵略」と決めつける日本侵略史観は、いったいどんな史実、国際法的概念、国際倫理、道義の概念に基づいてそう断じているのだろうか。

日本のみが侵略国家という唯侵略史観にマインドコントロールされる人々は、イラクのクウェート侵攻や、チベットを軍事占領し台湾への武力行使を繰り返し公言する中国政府に対し、どう論断するのだろうか。

どう考えても、戦後日本の侵略をめぐる論議は、人類史にはまったく類例をみない奇《き》矯《きょう》な理屈で行われている。「侵略」か「進出」か、一字一句の叙述が国家間の政治問題にまで発展するのは、なおさら奇妙にして滑稽《こっけい》なことだ。

また、国家の政治的な領土問題から経済的な交易関係の領域に至るまで、すべて「侵略」の概念で語られるのも、決して正常ではない。

さらに奇怪なのは、日本人の中にも自国の行動を「侵略」として断罪する反日日本人が存在することだ。政治家でさえ、そう主張する者がいる。しかし、いかなる国家であろうと、国益、民益の視野から成し遂げられた自国の国家的発展を「開発」「開拓」や「東進」「西進」、「解放」「征伐」……という表現を使わず、あろうことか自ら「侵略」と語る者がいるだろうか。

神代《かみよ》以来の日本民族と国家の発展をすべて「侵略」史観でみる態度は、自国民の発展を自縛すると同時に、他国から生の放棄とみなされても仕方ないのではないだろうか。

「春秋に義戦なし」とは言うが、普遍的な真理としての「正義」や「大義」が人類の英知や良識としていまだ確立されていない以上、「侵略」に対する非難とは、他国を譴責・牽《けん》制《せい》するために行う対他的なものであって、対自的なものではないはずだ。自民族の生存権を守るには、つねに物理的に優位であるだけでなく、道徳的優位も確立せねばならない。

五〇〇〇年来、中原からたえず蛮夷戎狄を侵略しながら、今日に至っている膨張主義国家の中国は、自国史を「侵略」と語っているのだろうか。

自民族の継起発展を「発展史観」からみることなく、いたずらに「侵略史観」で埋め尽くすことしか知らない連中は、生の放棄を宣言しているのも同然なのだ。

中・韓の歴史歪曲の罠にはまった日本

台湾の高校生だったころ、私はよく軍事教官に、いわゆる「共匪《きょうひ》暴行巡回図片展覧」といった類の「宣伝活動」に駆り出された。これは、自転車で遠くまで出かけて県内の小学校を回り、「いかに『共匪』（中国共産党）が大陸の同胞を虐殺したか」という写真を小学生に見せる宣伝活動だった。

どこから手に入れてきたものか、人間を虐殺するのにあれほどの方法があるのかと驚嘆するほど残酷な写真で、恐ろしいものであった。さまざまな殺し方があった。たとえば、両足を空に向けて逆さまにして生き埋めにする方法は「倒裁葱《タアツアイツオン》」（ネギのように人間を逆さまに植える）と呼ばれていた。

日本にも似たような展覧会や、市民団体による「七三一部隊」や「大虐殺」などの巡回展をよく見かけるが、しかし、その真偽への疑問も少なくない。

しかも、敵がいかに「極悪非道」であったかという展示会はどこの国でも開かれるが、なぜか日本人だけはいつも自国の先人の「悪虐悪業」の展示会ばかりを催《もよお》す。

中国には「南京大虐殺」、韓国には「日本植民地統治」といった日本の悪行をでっちあげた記念館がつくられていて、日本人の非道を宣伝しているのに、日本では中国、韓国人の悪虐非道に対してほとんど口にしないどころか、なぜか逆に平和記念館という美名の建物において「南京大虐殺のマンガ展」などを開催し、自国の先人の悪行ばかりを展示する。

日本の過去の無反省に対する反省用の「日本の侵略展」や「七三一部隊展」を代わるがわる地方図書館などで展示する必要が本当にあるのだろうか。

「侵華日軍南京大屠殺」といった類の記念日の追悼集会とは、いったい何のための追悼会で、その裏で操っている黒幕はどこの誰であろうか。

「戦争を知らない若い者、またアジアの留学生にもっと知ってほしいため」という大義名分を掲げ、戦争中の日本軍の「蛮行」に対する「謝罪」と「補償」を求める巡回活動を全国展開しているのはいったい何者だろうか。

日本に対して過去の反省ばかりを追及している者は、中国・韓国の過去の歴史を知っているのだろうか。現在の政治状況をよく知っているのだろうか。人間の尊厳も人格の尊重も人権の保障もまったくなかった中・韓民族の過去の悲惨な歴史を追及したり、反省を求めたりしたことがあっただろうか。

私は中国人の国共内戦による同胞大虐殺や朝鮮戦争における大虐殺の追悼集会や巡回展示会だけは、寡聞にして、見たことも耳にしたこともない。

中・韓の日本に対する謝罪追及は、現在の自国政治の失政をかわすための責任転嫁であることを知っているのだろうか。反日日本人が日本人に反省・謝罪を要求する背後に隠されている企みをわかっているのだろうか。日本の過剰反省は中韓の無反省を助長するものである。

過去の侵略追及よりも、現在あるいは将来への侵略行為や侵攻の恫喝《どうかつ》を追及するほうが本筋にして緊急事のはずだ。中国のチベット侵攻しかり、台湾への武力威嚇しかりだ。しかし、無知かあるいは故意なのか、追及目標をわざわざ過去に絞っていることが本末転倒とは思わないのだろうか。

また、東南アジアの国家指導者のほとんどが口をそろえたように「過去はどうでもよい。これからのことがより大切だ」と不必要な謝罪を拒んだのに、日本人は必要以上に相手構わず、あちらこちらへ謝罪行脚《あんぎゃ》を続けた。

たとえばマレーシアのマハティール首相、フィリピンのラモス大統領、台湾の李登輝《りとうき》総統などは、土井たか子氏や村山富市氏、その他、自民党代議士たちの謝罪攻めにうんざりしていた。残念なのは、小泉純一郎総理が二〇〇一年八月一三日の靖国前倒し参拝の後に行った、あの中国・韓国への謝罪と反省行脚である。残念というよりも、滑稽きわまりない。

日本人は戦後の一億総懺悔《ざんげ》以来、サンフランシスコ平和条約、日華平和条約、日中平和条約、日韓条約など国家間の平和条約さえも締結した。天皇の御言葉もあった。だから、教科書問題やさまざまな高官の問題発言に対する一時しのぎの反省や謝罪など必要ないはずである。にもかかわらず、それ以上の反省と謝罪をしなくてはならないのはどのような理由からなのだろうか。

なぜ日本人は年中行事のように繰り返し「過去」に反省と謝罪をしなければならないのか。また、謝罪したがる日本人がそれほどまでに多いのか。それにはさまざまな説がある。「いくら国会謝罪決議があったとしても、今までほとんどが誠意を欠き、あるいは反省が足りなかった。だからもっともっと反省・謝罪をしなければならない」という理由から、「日本人には『禊祓い《みそぎはら》』という伝統文化がある。つまり禊祓いをすれば身も心も清められ、過去のすべてを水に流すことができる。だから、日本人は謝罪したがる」というもの、「日本人のマゾヒズム（自虐的性格）から来る」というもの、さらには、「日本人は弱腰であり、逃げ腰であり、無責任であり、病気である」などなど。

謝罪というのは、相手にもそれを受ける気持ちがあってこそ成り立つことで、その気がなければまったく意味がない。だから相手がなぜ「謝罪」を次から次へと求めてくるのかという意図も知らなければならない。拙見では、日本政府であろうと、いかなる過去、経緯を持つ個人であろうと、「過去」についてはもう謝罪する必要はなく、してはいけない。「正しい歴史認識」のためなら、なおさら謝罪すべきではない。「正しい歴史認識」とは史実の正確な認識と把握であってこそできるものであるが、謝罪とは倫理であり、礼儀であり、歴史そのものではない。謝罪したら、ただ相手の史観に同調するだけになってしまい、正しい歴史認識はできなくなる。

誰が謝るべき当事者か、謝らせる当事者かが不明であり、たとえわかったとしてもすでに不在である。他人に代わって謝ることに何の意味があろうか。また、謝ることは一回で済むこと、繰り返して謝罪することは逆に偽善とみなされ、何か別の意図があるのだと勘《かん》繰《ぐ》られるだろう。

真心の反省とは過去ではなく、現在や未来の行為によって評価されるものだ。いかなる国であろうと、政府の責務は、いかにしてその国民により多くの自由とより豊かな生活を与えるかを考え、そしてそれによって世界から賞賛を受けることにある。自国民に自由や人権さえ保障していない国には謝罪すべきではないだろう。

そもそも、明治国家以来、日本がはたしてきた役割と貢献は、本書各章に取り上げられているとおり、いくら評価してもし過ぎることはないものだ。だから相手から感謝されることこそあれ、謝罪する必要などない。

現在の自分が犯している罪にまったく無自覚な政府や個人には、他人の過去を云々《うんぬん》する資格はない。自分が先人に代わって謝罪される側になる資格もまったくない。中国の現体制は政治的な理由で自国民を数千万人も虐殺し、あるいは経済的な理由で人為的に餓死させた。人権さえ保障せず、力によって他民族を抑圧し、現在でもそれを続けている。こういった政府に対する謝罪は、かの政府が過去に犯した人類に対する犯罪を是認《ぜにん》し、将来の新たな犯罪をも承認・加担する意思を示すものだろう。

戦後、一億総懺悔から始まった日本人の贖罪《しょくざい》意識は、たしかに伝統的文化である「禊祓い」やマゾヒズムの民族性によるものであった。しかし、年を追って謝罪が行事化、日常化していくのは、じつに滑稽であり、病気としか言いようがない。それは明らかに中・韓の謝罪永続化の罠にはめられている。

日本人とは違い、中国人にとっての反省や謝罪とは、「過ちを犯した」自分がするものではなく、他人にさせるものだ。その要訣《ようけつ》とは、真実はどうであろうと、決まり文句で相手に有無を言わせぬうちに断罪し、自己批判させることである。

この断罪の罠をしかけられた自虐的な日本人が贖罪意識で謝罪を繰り返すだけでは、これからの二一世紀を生きぬいていくうえで、日本に浮かぶ瀬があるだろうか。

大日本帝国の存在は「闇」ではなく「光」だった

大日本帝国といえば、かつての「日本軍国主義」「日本帝国主義」のシンボルとして、対外的にはアジア侵略、対内的には、自由民権運動を弾圧し、労働者を搾取《さくしゅ》、農民を貧窮化させた元凶であったとして非難される。

しかし大日本帝国は、はたして軍国主義国家、ファシズム国家であったのだろうか。日本国民（男児）は、本当は皇軍として出征するのが嫌で仕方なかったのに、無理やり徴兵されたというのは事実なのか。「君死にたまふことなかれ」といった非戦、厭戦《えんせん》、反戦の時期があったというのは本当だろうか。

資本主義の急速な発展によって、階級闘争が激化、労働者への過酷な搾取と農民の貧窮化が起こった、侵略戦争に次ぐ戦争と増税に次ぐ増税で、民衆の自由が奪われ、生活権まで奪われたというのは真実なのだろうか。

戦前の日本が貧しいのは事実だ。しかし明治以前よりも貧困化したというのは事実ではない。戦前は、アメリカ以外はどこの国であろうとそれほど豊かではなく、食えるか食えないかの状態であった。それが世界の常識だ。中国やインドは飢饉《ききん》のたびに数十万、数百万単位の人間が死んでいた。一〇〇〇万人以上の餓死者は、二〇世紀に入ってからの中国の西北大飢饉、あるいは六〇年代初期の大躍進政策の失敗後においても発生した。

しかし、日本、そして日本統治下の朝鮮も台湾も、アジア大陸の国々とは違って、凶作があったとしても餓死者は出なかった。そこから歴史をみなければならない。

戦後の日本人は誰であろうと、「戦争責任に時効なし」などと唱え、日本帝国の「犯罪」を裁く権利はない。

長い人類の歴史からみた大日本帝国とはいったいどういう国家であり、いかなる歴史的役割を果たしていたのか。アジア史において、中世から近現代にかけてもっとも大きな歴史的役割を果たした帝国は三つあった。大モンゴル帝国、大清帝国、そして大日本帝国である。

大モンゴル帝国は、その拡張によってあらゆる文明と接触し、陸の時代を完結させた帝国であった。大清帝国は中華帝国の政治、経済、社会、文化のすべてを完結させたものであった。大日本帝国は、いったい何を創出し、何を完結させたのだろうか。

大日本帝国の寿命は一〇〇年にも満たなかったので、東亜世界に再生の活気を与えたものの、短命のため伝統的な中華世界を変えることができなかったという点で清帝国よりも大モンゴル帝国に似ている。いずれにしても、三つともイスラム帝国のような理念的な帝国ではなく、世俗化した帝国であった。

では、もし大日本帝国がなかったら、現在の日本はいったいどうなっていただろうか。まず最初に言えるのは、日本人として世界的に知られ、信頼され、尊敬されることはなかったということである。せいぜいマルコ・ポーロの『東方見聞録』のジパングの国としてしか世界に知られておらず、一知半解の極東蕞爾《さいじ》の島国として孤立していただろう。世界から憧憬《どうけい》の目でみられる国ではなく、人口過剰の国として、移民が新大陸各地へ流れていったにちがいない。

大日本帝国なき後の日本人と、大モンゴル帝国、大清帝国崩壊後のモンゴル人や満州人の境遇はまったく異なるものだった。後者二つの民族は、今日の日本のように経済大国として世界から驚嘆、もしくは羨望の目でみられることもなかった。そこからも大日本帝国が後世に残した遺産はモンゴル帝国や清帝国とは異質なものであることを知ることができるだろう。

ことに戦後の、日本の経済的・国家的再生から、経済大国としてのアジアへの資本と技術移転、それによる東アジアの経済的奇跡の創出という一連の流れからもそれを語ることができる。

一九世紀以来から延々と続く「日本に学ぼう」運動からも、戦後日本と大日本帝国の連続性と継起性をみることができるだろう。

日本の近代化が成功したのは、歴史社会の構造がアジアの国々とはまったく違って、西欧に類似した封建社会がパラレルに存在していたからだという説がある。たしかに、日本は東洋文明の国でありながらも、近代化のもっとも大きなブレーキとなっていた尚古主義的儒教の影響はそれほど強くなく、日本の神仏儒三教も大陸と半島の宗教に比べ、それほど排他的ではなかった。たとえば、中国と北朝鮮の共産主義にみられる排他性は、朱子学そのものであろう。朱子学自体は共産主義思想でなくても、東亜の共産主義は朱子学の排他性、唯我独尊《ゆいがどくそん》性から強い影響を受けたことも否定できない。

そのうえ、列強とともにアジア近代化の波が海を渡ってじょじょに陸へと波及していったという世界史の流れを考えれば、大日本帝国がもし存在せず、徳川幕藩体制がそのまま続いていたならば、北海道と沖縄が日本国の一部となることはなかっただろう。なぜなら幕府時代には、法的には領土として正式に編入されていなかったので、列強のものとなっていたと思われるからだ。

仮に、戦国末期に火縄銃を受け入れたように各藩が競って近代兵器を導入しても、近代国家として国民軍がつくられないかぎり、列強の外憂に耐えられなかっただろう。たとえ列強による列島分割が行われなくても、三百余藩はそれぞれ列強と手を結び、中国の内戦ほどではないにしろ、合従連衡、遠交近攻の抗争が続いていたはずだ。そうなれば、西力東来によって、列島は中国と同じような内憂外患が際限なく続いていたに違いない。

諸藩はそれぞれの軍事、司法、経済政策を持っていたので、互いに競いあって経済の近代化はできただろうが、資本不足から巨大産業を中心とする産業近代化は達成できなかったであろう。列島単一市場の形成も難しかっただろう。

このように、江戸時代は藩主中心の社会であったから、大日本帝国ができなければ、近代民族意識、ひいては日本人意識の形成も遅くなったであろう。

では、同じく遅れてきた国民国家、イタリアやドイツがサルジニアやプロイセンによる諸都市諸国の統一で完成したように、日本も天皇制国家ではなく地方の雄藩によって統一され、徳川政権が否定されていたとしたらどうであったろう。

もし絶対的権威を持つ天皇制がなかったら、日本も辛亥革命後の中華民国のように争乱を繰り返し、政権も不安定が続いていただろう。社会が不安定になれば、資本投資もできず、近代社会の成立もなかったであろう。そして廃藩置県も難しく、連邦制をとらざるをえなかったであろう。

もし国民皆兵、国民皆学の国民国家主義が生まれていなかったら、政党政治も、三権分立も私有財産制もなかったら、非ヨーロッパ文明国の中で唯一の例外として近代化に成功することも不可能だったであろう。

大日本帝国は、一九世紀の中葉からアジアで先駆けてつくられた近代国民国家と近代民族として、異文化の受容と改宗の可能性を創出し、白人の地球支配を終結させ、数え切れないほど多くの遺産を後世に残し、今日の政治、経済、社会、文化の礎《いしずえ》となったというのが史実なのである。

第二章　日本の「中国侵略」はなかった

中国が「侵略」という表記にこだわる理由

戦後の日本人は、多かれ少なかれ大日本帝国の朝鮮、台湾、満州に対する「植民地支配」と、中国に対する「侵略戦争」について、「原罪意識」を抱いている。それが戦後日本人の生活規範に影響を与え、さまざまな分野での活動（国家活動だけではなく）を制約している。

つねに日中関係は「特別」であるとされ、一九八九年の六・四天安門事件後の対中経済制裁では欧米と歩調を合わせることができず、欧米諸国議会の対中人権弾圧非難に対しても、日本人は傍観《ぼうかん》するだけだった。

中国は日本からODA援助を受けながらも、核、ミサイルの開発に狂奔している。あきらかにODA援助の四原則違反でありながらも、日本政府は何も言うことができないでいる。中国政府が怒るのを何よりも恐れているからだ。それは英米の「東京裁判史観」に加えて、中ソのコミンテルン史観からの影響であることもよく指摘されている。

かつて日本の歴史教科書が、「侵略」という表現を「進出」に「改ざん」したと報じられたとき、中国、韓国から激しい抗議・非難が起こり、日本政府はすぐに謝罪した。しかしその後、それが「誤報」であることが判明、「侵略」を「進出」に書き換えた歴史教科書はひとつもなかったことが明らかになった。

それでも中国や韓国の知識人は、「なかった」ことを絶対に認めようとはせず、「あった」と言い張り続けている。相変わらず中国のマスコミは、八月一五日前後になると、「日本人は歴史を改ざんした」「反省をしていない」と非難するのが年中行事になっている。

彼らにとっては歴史的事実はどうでもいいことで、「なかった」ことを「あった」と決めつける政治的意図がある。日本人はもっとその政治的意図に目を向ける必要がある。

侵略国家といえば、中国・中華帝国こそ、人類史上最大の侵略国家である。それは黄河中下流域の中原から生まれた中華帝国の膨張史が如実《にょじつ》に物語っている。しかし、中華帝国の中原からの膨張は、中華発展史として中国人のみに子々孫々と語り継がれる誇りある歴史なのである。

「春秋に義戦なし」と言われながらも、「春秋」史観は、春秋戦国時代の諸国間の戦争を「討」「伐」「侵」と一方的に決めつけている。「春秋の大義」とは、華夷《かい》を分ける中華中心を代表する独善的な中華思想である。

そして中国にとっては、「征伐」も「進出」も、中国の膨張主義にのみ許される表記であって、日本ごときの倭夷《わい》には、絶対許すことはできない。もし「中日戦争」が日本の侵略戦争でなければ、中国の道義的優位だけではなく、ひいては中国中心の中華思想まで動揺させることになる。

だから大中華の中国と小中華の韓国は、あくまで「侵略」という文言にこだわるのである。

「教科書改ざん」の誤報以降、中・韓政府は日本の教育に対して頻繁に干渉を繰り返してきた。二〇〇一年の「新しい歴史教科書」問題でも、両国は執拗《しつよう》に日本政府への恫喝《どうかつ》を重ねた。日本人の尊厳にとってこれほど屈辱的なことはない。

属国でさえ、宗主国に自国民の教育までいちいち口出しされた国があるだろうか。そのことだけでも日本人は国辱だと考えなければならない。ましてや日本は「恥の文化」といわれる国なのだから。

清朝崩壊後の新秩序再建は日本の使命だった

中国侵略論でよく忘れられるのは、中国大地・東亜大陸の歴史は東亜諸民族共有の歴史である、ということだ。

中国史観、あるいは春秋史観からすると、中国の大地はあたかも中華民族、あるいは漢民族がずっと王朝交替、易姓革命を繰り返してきた歴史のように語られる。

その点に関して、中国人も自国の歴史を正しく認識していない。中国人はチベット人、ウイグル人、モンゴル人、台湾人さえも中国人と考えている。

中国人も日本人も朝鮮人も、かつて同文同種という共感があり、アイデンティティがあった。中国人は日本人、朝鮮人、ベトナム人でさえもすべて中国人の子孫だと教えられた。それは『史記』や伝説からきたものだ。だが、中国人にとっては日本人や朝鮮人は同胞ではなく、あくまで彼ら中国人の後裔《こうえい》なのだ。そして中国人には日・朝の開祖であるという誇りがある。

したがって、日本人も朝鮮人も祖先を敬うように中国人を敬い、指示に従う倫理的義務があるという父祖意識を持っている。

現在の中国人は国家と民族にあまり区別をつけていない。中国史上に現れた夷狄戎蛮《いてきじゅうばん》はすべて大中華民族だと決めつけ、中国歴代王朝を建てた諸民族はすべて大中華民族の一地方種族だと新しく定義している。

「天下王土に非《あ》らざるものなし」という領土観は今も残り、歴代中華帝国周辺の藩属は、中国の一地方政権に過ぎないと主張しているのだ。

とはいっても、東アジアの世界は中国人のみの世界ではなく、中華帝国を築いたのも、中国人、厳密に言えば、その主流である漢人だけではなかった。

　中華帝国を築き、それを主宰した主体民族は、漢族だけであったとは限らない。漢族王朝は漢、南朝、宋《そう》、明《みん》のみであった。それ以外はほとんどが北方系の騎馬民族の王朝であった。その点に関して、ことに強調しなければならないのは、中華帝国の遺産相続問題を語る場合に考慮すべき問題だ。

　そもそも中華文明発祥の地である中原地方も、漢族だけの地ではなかったのだ。春秋の時代になっても、秦《しん》だけでなく、巴《は》も、蜀《しょく》も、呉、越、楚《そ》でさえ、中原の人々から中国として認められてはいなかった。諸史の記録によると、南北朝から宋に至るまで、江北《こうほく》（揚子江の北）の人々は「中国」と自称し、揚子江以南は、「江左」として中国として認めていなかったことがわかる。

「中原逐鹿」という天下争奪の用語もあるように、中国の原郷──中原でさえ、諸民族逐鹿（争奪）の地として、いわゆる華夏の民である群雄争奪の地であり、それに加えて、北方、西方の諸民族が代わるがわるにこの地を支配し、天下に覇を称えた。それが中国の王朝史である。

　ことに南朝の諸王朝と南宋王朝は、ほとんど中国から追い出され、中国以外の越蛮、楚蛮の「江左」の地で王朝を築き、中国の正統王朝であると主張しながら、天に代わって

「夷狄の中国侵略」の不義を討つことを旗印《はたじるし》に命脈を保っていた。

諸民族争奪の地だから、諸王朝の栄枯盛衰の歴史が繰り返された。そこから生まれたのが「易姓革命」の史観と、歴史は繰り返され、盛衰興亡を繰り返すという「循環史観」である。

いかなる巨大な中華王朝でも、一〇〇年や一五〇年という年月で繁栄を保てたものはめったになかった。盛世が過ぎると、たいてい社会環境も自然環境も崩壊し、天下は大乱に陥ってしまう。

大体において中華の世界は、天下秩序が乱れると、中華の民はほとんどそれを再建することができず、数十年や数百年の間えんえんと、乱れたままのカオス状態が続いてしまう。その後、他民族が中華世界にやってきて、天下秩序を再建し、中華世界に安定と繁栄の社会を築いてきた。これは中国の歴史法則のようなものだ。

たとえば明末の中国は、天下大いに乱れた。乞食僧出身の朱元璋《しゅげんしょう》がつくった明王朝は、中国史上、もっとも人権が蹂躙《じゅうりん》された中世の暗黒時代とも言われる。ことに、一六世紀末の大航海時代には、東亜大陸の社会はすでに崩壊し、天下が乱れていた。

明末の天下大乱についての惨状は、『明史』『明紀』をはじめ、諸史に詳しく記録されている。たとえば、明末の崇禎《すうてい》皇帝時代の崇禎六年から清の順治《じゅんち》皇帝五年（一六三三～四八年）までの一六年間、流賊が天下を荒らし回り、飢饉《ききん》が全国を襲い、民衆の共食いが大発生して全国に蔓延《まんえん》した。正史には、一六年間のうち一〇年もの間、民衆の共食いがあったと記録される人間地獄の時代であった。

天下大乱の惨状から東亜の新秩序を再建し、中国を統一したのが満州人と蒙古人を主体とした満蒙八旗軍であった。満蒙八旗軍が北京城をはじめ、各大都市に入城したときには、中国人は抵抗するどころか、むしろ百官が儀仗隊を先頭にして、城外数里まで外族軍隊を解放軍として迎え入れ、熱烈歓迎したほどだ。

清代は満州人の統治下で、中国人が有史以来もっとも幸せな時代となった。康熙《こうき》、雍正《ようせい》、乾隆《けんりゅう》三代の盛世一五〇年間、人頭税が減免され、中国の人口が初めて億を超えたのも、そして平安に暮らせたのも、外族の満州人統治下のこの時代だけであった。

雍正皇帝は、呂留良《りょりゅうりょう》・曾静《そうせい》の大逆事件以後、『大義覚迷録』を著し、あれほど少数の満州人が数十倍もの中国人を統治でき、民衆に歓迎支援されたことは、もはや人間業をはるかに超え、天意だと述べている。

しかし満州人の清王朝も乾隆帝の盛世が過ぎると、盛者必衰の歴史法則には抗しきれず、自然と社会崩壊が進み、一九世紀に入ると天下大乱が続出、清帝国は実質崩壊しながら、なんとか存続していた。

中華世界は、すでに一八世紀末葉の白蓮教《びゃくれんきょう》の乱以来、一世紀以上も天下が乱れ、断続的に飢饉と匪賊《ひぞく》が襲い、中華民国になってから、内戦がさらに激化した。

そこで東の海から日本軍がやってきた。もちろん反日抗日の勢力もあったものの、多くの民衆から歓迎された。日本軍の入城式に日の丸を振る中国民衆は、満蒙八旗軍への歓迎ぶりを彷彿《ほうふつ》とさせた。

それは、年を増してひどくなる飢饉、匪賊、兵匪に怯《おび》えていた中国の民衆にとっては、解放者であり、守護神とでも思われたからであろう。

東亜世界はいつも中華帝国の王朝衰退とともに天下大乱となる。そして新秩序はつねにモンゴル人や満州人のような外来の民族によってつくられてきた。

そこで、清朝崩壊後の新秩序の再建が、新興国・大日本帝国の歴史的使命となったのだ。かつて北方諸民族が大東亜の新秩序を再建したように、欧米露だけではなく、日本も大東亜の新秩序の再建を試みたのである。

戦後、日本軍がいなくなると、国共内戦が再燃しただけでなく、朝鮮半島も、ベトナム半島も、一斉に戦乱が勃発した。もし大日本帝国という存在がなかったら、中国の内戦はいつまでも続き、そしてどこまでも広がっていただろう。

だから明治維新後の日本の大陸進出は、ただ伝統的華夷秩序から日中関係をみるだけではなく、もっとグローバルに東亜新秩序という視点からもみなければならない。そこで初めて、近現代史の中での新興国家としての大日本帝国の歴史的宿命と使命が明らかにされるのではないだろうか。

中国は清帝国の植民地だった

辛亥革命（一九一一年）によって、三〇〇年近く続いた清帝国はもろくも崩壊した。その遺産相続権については、もちろん列強からの認知や承認がされなければならない。それが西力東来後の新たな国際政治力学であった。今まで中華世界を規定していた歴史法則は、一九世紀末になると、すでに機能しなくなったからだ。

二千余年来の一君万民体制を否定し、共和制を目指す中華民国政府は、清の後継国家として列強には認知されたものの、すべてに承認されたわけではなかった。

清帝国の遺産については支配下の諸民族へ合理的に分割すべきか、どの民族が正統なる後継者として継承されるべきかという点が問題となった。

もちろん血筋からすれば正統なる後継者は満蒙《まんもう》両民族であろう。しかし「易姓革命」による政権交替だから、もっとも腕っぷしの強い中華民国に政権を禅譲すべきだと考えるのが政権継承の常道だ。つまり強いものが勝つという力の論理である。

中華民国政府は、清王朝を打倒（中国では「推翻《トウエファン》」という）し、新政権を樹立した後、清帝国の後継国家として「法統」（法的正統性）を主張するのみならず、黄帝《こうてい》開国以来の夏、商、周、秦、漢、隋《ずい》、唐、宋、元、明、清に至るまでの五〇〇〇年にわたる中華王朝の「法統」を主張し、そのうえ「道統」（道徳的正統性）まで唱えていた。

しかし、五〇〇〇年近くにわたって、「中国」という国家が東亜大陸に存在し続けているような主張は、もちろん史実に反している。前述したように、秦漢・中華帝国以来でさえ、いわゆる「易姓革命」では王朝が数度も代わり、支配民族も代わり、中国は数度も亡国したからだ。歴史的には、東亜大陸の歴史は中国人の歴史だけではなかったのだ。

ましてや清帝国の崩壊後、今までその支配下にあったモンゴルもチベットも、中華民国の成立と同時に清帝国の支配から独立を宣言した。

同時代（二〇世紀初頭）のロシア帝国、オスマン・トルコ帝国、さらにオーストリア・ハンガリー帝国の崩壊の歴史をみても、「世界帝国」の崩壊によって、後継国家のロシア人やトルコ人以外に、それまでの帝国支配下の諸民族がそれぞれ新国家として独立したが、それは至極当然のことだった。

たとえばロシア帝国支配下のフィンランドやポーランド、オスマン・トルコ帝国支配下のギリシアやバルカン半島諸国もそうだった。それが時代の流れであった。しかも中華民国政府は、モンゴルやチベットを実質支配していなかった。そのような力もなかった。

それでありながらも、「清王朝支配下の諸民族、諸属国はすべて俺のものだ」「有史以来絶対不可分の神聖なる固有領土だ」という現中国政府の主張は、現在のみならず列強時代でも、国際政治的にも国際法的にも通用しない。

もっと時代をさかのぼって歴史を見れば、満州人は万里の長城外のいわゆる「関外」、あるいは「塞外《さいがい》」の民族である。長城は、中華帝国以前の戦国時代から、中国人の祖先たちが自ら決め、人工的に築いた政治的国境であり、文化的境界線でもあった。

満州人が後金国を建国してから二代目の太宗ホンタイジの代に、モンゴル人と連合王国をつくり、ジンギスカンの伝国の印璽《いんじ》も北元の後裔《こうえい》から引き受けて、モンゴル帝国の後継国家として長城を越えて明を滅ぼし、中国を征服した。

その後、さらに一八世紀中期の乾隆皇帝の代まで、西の草原帝国であったジュンガル帝国と征戦を繰り返し、最終的にはジュンガル帝国を滅ぼし、ジュンガル支配下のチベットをもその勢力下に治めた。それが清帝国の東アジア征服（あるいは侵略）の歴史であった。

しかし、清帝国支配下のアジア諸民族の地位はそれぞれ違っていた。朝鮮や越南は属国であり、モンゴルは盟友で、チベットは教王領として、ダライ・ラマとパンチェン・ラマは、皇帝の国師となっていた。新疆《しんきょう》の回部とともに藩部と称され、外様大名であった。だから、モンゴル・チベットは朝鮮のような属国ではなかった。

清王朝支配下の中国について、たとえば岡田英弘教授のように、「清の植民地」とみる学者もいる。ではなぜ清王朝の中国支配が「植民地支配」とみなされるのだろうか。

それは、征服国家が植民地に対して行う取り扱いと共通項があるからだ。

たとえば、満州人は宦官《かんがん》にしない。漢族を絶対に宮女としない。漢族の藩部、藩属、化《け》外《がい》の地への移住禁止。対外公文書は漢文を使わず、すべて満蒙文やラテン文。漢人の夷語(外国語)学習の禁止。夷人への漢語・漢文伝授も禁止。満州人と漢人の二重官僚制度、皇帝直属の最高権力者の軍機大臣に漢人を登用しない。天朝の国家軍隊が満蒙八旗軍、漢人は地方部隊の緑営。漢人はいかなる重臣といえども、清の皇帝に対し、「家奴」(家内奴隷)と自称……など。

清の皇族も、亡国寸前まで「国家を外人(列強)に渡すとも、家奴(中国人)には渡さない」という主人意識を持っていた。だから、中国は清王朝の「植民地」というよりも、「家奴国家」であったろう。

孫文ら最初の革命派政治結社・興中会の政治綱領は、「韃靼(タタール)を駆逐し、中華を回復す」というもので、満州人を追い出して植民地からの解放を目指していた。したがって、中華民国は清帝国の崩壊による「植民地からの独立」だという見方もできる。

それならば、中華民国政府が樹立した当時、清の属国だった朝鮮、越南、化外の地・台湾は、すでに清帝国の領土範囲ではなくなっているはずなのに、なぜ中華民国政府は清が征服（侵略）した諸民族の独立を許さなかったのか。

中華人民共和国の新政府もまた同じく革命によって中華民国を打倒し、外島へ追いつめ、それまた清帝国のすべての遺産相続を主張した。

しかしそれは、インドが大英帝国からの独立後、パキスタン、バングラデシュ、ビルマの独立を許さず、かつての英連邦のカナダ、オーストラリア、南アフリカまでインドの「神聖なる不可分な固有領土の一部」と主張するようなものだ。

これほどむちゃな論理はないのだが、中華民国、中華人民共和国は強引にアジアの侵略を正当化し続けたのである。そして、多くの日本人政治家と中国専門家もこれに同調している。

後述するが、こうした清帝国の遺産相続をめぐる中国人の荒唐無稽な主張が、軍閥の権力闘争、列強の介入を招き、二〇世紀の東アジア争乱の主因となった。日本との「満蒙《まんもう》疆《きょう》」問題をめぐる紛争しかり、人民共和国政府樹立後の中ソ、中印、中越をめぐる国境紛争しかり、中国の内戦、少数民族への弾圧、台湾への武力行使威嚇などはすべて、中華帝国有史以来の拡張主義、覇権主義の伝統からくるものである。

つまり、一九世紀末から二〇世紀初頭にかけて、東亜の秩序をいっそう乱したのは日本をはじめとする列強の中国大陸「侵略」ではなく、中国のアジア侵略だったのだ。

そもそも中国とはひとつの「天下」であって、国家ではなかった。それを無理やりにひとつの近代国民国家の「中華民国」としたゆえに争乱が絶えなかった。

中華世界は諸民族が陰陽五行のように相生相克の大地であり、単一民族が「独覇」（一人占め）していた地ではなかった。それを無理に諸民族を「中華民族」とするから、内外の争乱を誘発したのだろう。

にもかかわらず、なぜ中国は現代に至っても大中華民族をつくろうとするのであろうか。

清末には「国のかたち」をめぐって、立憲君主制を目指す維新保皇派と共和制を目指す革命派の争いがあり、まるで日本の開国維新当時の佐幕派と倒幕派のような闘争であった。

それは解体後の清帝国の遺産相続をめぐって、漢民族を主体とする中華民国が諸民族を再統合して中華帝国を再建するか、あるいは解体後の清帝国支配下の漢《カン》・蒙《モンゴル》・回《イスラム》・蔵《チベット》諸民族を、それぞれ近代的国民国家として再生するかどうかという問題だった。

はじめ、康有為ら維新保皇派は中華民族論（漢満蒙回蔵の五族をはじめとするすべての中国の民族を含める民族主義）を主張しており、革命派の孫文は大漢民族主義（漢族だけの排他的民族主義）をとっていた。しかし、やがて孫文が中華民国の臨時大総統となると、モンゴル、ウイグル、チベットなど少数民族の自決では、帝国主義の中国侵略に利用される恐れがあるとして、中華民族論に改宗した。そのため、孫文の中華民族主義は、大多数の漢族を中心に少数民族の同化、漢化を主張せざるをえなかった。

しかし、近代市民意識が未熟なため、多民族を一大民族に統合することはできなかった。

それでも中華人民共和国の建国初期には、大漢民族主義や地方民族主義を否定したものの、社会主義イデオロギーに代わって、中華世界を中心に五六以上の民族をすべて統合・融合する大中華民族主義を掲げざるをえなかった。大中華民族主義を堅持し、ナショナリズムを鼓吹しなければ、民力を結集することができず、社会主義政権の存続もできなくなるからだ。

だから民族独立の時流とは逆に、中国は武力による諸民族の大中華民族統合へと向かわざるをえないのだ。

しかし、文化も言語も、アイデンティティも異なるチベット人、ウイグル人、モンゴル人などの少数民族は、銃口の下で、はたして唯々諾々《いいだくだく》と大中華民族になれるのだろうか。

この民族問題はすでに一〇〇年以上続いてはいるが、これからも問い続けられる問題であろう。

以上のように、現代中国を清の後継国家と考えるべきか、清の植民地支配から独立した国家と考えるかによって、アジア争乱の元凶がみえてくるだけでなく、中国の侵略国家としての歴史も浮き彫りになるのである。

国民国家をつくれなかった中国は列強の介入を避けられなかった

近世近代にかけてユーラシア大陸を支配してきたオスマン・トルコ、ロシア帝国、ムガール帝国、清帝国などの「世界国家」「世界帝国」には、その国家形態として多くの共通性があった。

たとえば、多民族、多宗教、多文化が混在していた点や、多かれ少なかれ中華天朝朝《ちょう》貢冊封《こうさくほう》秩序のように、周辺に多くの属国や藩属があったことなどだ。

このような世界帝国はそれぞれ黄金時代があり、王朝の栄枯盛衰の歴史もあった。しかし二〇世紀初頭になると、ついに時代の潮流に抗し切れず、そろって解体し、歴史の舞台から消えてしまった。

もちろん、二〇世紀の中期となると、前近代的な世界帝国の解体だけに止まらず、第二次世界大戦を契機に、戦勝国、敗戦国を問わずあらゆる植民地帝国が解体していった。

さらに二〇世紀の後期には、「世界革命、人類解放」の理想を掲げて一世を風靡《ふうび》し、ロシア帝国と中華帝国の復活を思わせた社会主義帝国も、ソ連の解体によって「歴史の終わり」を迎えようとしている。

人類の歴史の主力であった「世界国家」が、二〇世紀に歴史の舞台から続々と退場したわけは、それぞれの国内的な事情もあるだろうが、大きくみれば、時代がすでに国民国家の時代に入ったからだ。ルネッサンス、大航海時代、宗教革命、さらに産業革命、市民革命を経て近代国民国家が成長し、列強になり代わりつつあった。世界国家が国民国家に抗し切れずに崩壊していったのだ。

世界国家と国民国家の消長の中で、もっとも対照的な好例が中華帝国と日本ではないだろうか。

一九一一年の辛亥革命がまさしく世界国家の解体から国民国家の国造りを目指す象徴的な革命であった。だから「国民革命」とも言われている。二千余年にわたる中華帝国の一君万民制が否定されたのも西風東漸後の時代の潮流だろう。これは世界国家の内部から時代の危機に呼応するように生まれた民族の自覚であり、革命のマグマが制度・国体変更のエネルギーとなる。

この時代の流れの変化と危機に対して、日本は中国以上に敏速だった。開国も維新も見事に成功し、わずか三〇年ほどで近代国民国家として列強の仲間入りを果たした。

一方、中国はアヘン戦争以後、洋務運動、戊戌維新、辛亥革命から文革に至るまで、社会変革、伝統文化の否定を目指して人間が考えうるあらゆる方法と精魂を使いはたしたが、国家をいっそう混乱・混沌《こんとん》へ突き落とすばかりだった。

中華民国の共和体制が中国の伝統文化にあわないから争乱が絶えなかったのだろうか。社会変革の難しさ、いや中国の絶望的な状況については、近現代史が如実に語っている。

清帝国が生まれ、やがて衰退を迎える間、ヨーロッパでは大航海時代以来、西風が吹き、地球規模的な近代西欧価値体系が確立されていった。やがて西欧勢力の台頭があり、地球分割が着々と進んでいた。一五世紀末に結ばれたポルトガルとスペインのトルデシラス条約による地球分割は、やがてオランダや英仏など新興勢力の世界進出に取って代えられ、再分割が進められていった。

一九世紀末になると、新大陸だけでなく、列強によるアフリカ大陸の分割もほぼ完了した。

最後に残った清帝国も、北からロシア、西南からドイツ、イギリス、フランスの分割が取り決められていた。

ところが、その分割を阻止したのが日清、日露戦争以後の日本と、米墨（メキシコ）、米西（スペイン）戦争以後のアメリカという、東の太平洋からやってきた新興列強であった。

東からの日米の大陸進出によって、英仏独露は清国分割ができなくなった。

そして、多民族、多文化の清帝国が解体すると、民族と国家の問題が噴出した。

一君万民制が否定され、中国が天子をなくした後、新しい「国のかたち」をめぐり、天下争乱となった。天子がいなければ、列強の時代には中国は生き延びることができないという世論もあった。

この危機意識の中で、新政権の米人政治顧問フランク・グッドナウ博士は、「共和と君主論」を発表し、中国には共和制が不向きであると主張、憲法専門家の志賀長雄法律顧問も憲政に賛成し、憲政推進派である籌安会《ちゆうあん》の楊度《ようど》らの後押しもあって、愚民国家の中国には共和制よりも憲政が必要であるという「君憲救国論」が台頭した。

憲政か共和制か、国会ではとうとう国体変更の議を採決して、中華民国の「国のかたち」を中華帝国時代のものに戻し、一九一五年、袁世凱《えんせいがい》は中国の明治天皇、中国のウィルヘルム一世となることを目指して皇帝の座に就いた。フランス革命後のナポレオン帝政のような帝政復活だった。

しかし、この憲政もだめだった。反帝の護国運動が起き、一六年の袁の急死によって、中国は軍閥の内戦に突入することになる。

連邦制度を目指す連省自治派もいたものの、中国は近代国民国家を遅々としてつくれなかった。

したがって、中華民国の新政府だけでなく、それ以外の満蒙回蔵の諸民族も、清帝国崩壊後の遺産処分問題をめぐる混乱を収拾することができなかった。

中華民国は各党各派に分かれて混乱、北洋軍閥や西南軍閥などによる権力闘争が起こり、北京中央政府と広東政府に分かれたが、それぞれが正統性を主張し戦争が繰り広げられるようになった。

そこで、必然的に日米だけではなく、英、仏、独、露の介入を避けられなくなった。

列強時代の世界的紛争においては、列強の力による処理が必要である。そのことは、冷戦時代の米ソ、ポスト冷戦時代のアメリカのプレゼンスをみれば、歴史の常識であろう。「帝国主義の侵略」などとは、また別次元の問題である。

以上のようなグローバルな時代の流れと歴史の背景を語らなければ、近現代の日中関係史を知ることはできない。

少なくとも一九世紀に至るまで、アジア諸国の中では日本をのぞき、いわゆる近代的な国家も民族もなかった。中国や半島にあったのは華夷意識の区別しかなかった。近代的な国民国家の「国民」すらなかった。今日に至っても、せいぜい近代国家、近代民族をつくる途上にあるに過ぎない。

東アジアの近現代史を語る場合、よく戦後の国家と民族意識を基準に過去の国家、民族を語ることが多い。

とくに中韓の歴史学者は、現在の視点に立って過去を語るのがほとんどである。それは無理もないことだ。中華の伝統としては、後世が前代のことを書くことが「歴史」であると思っているからだ。中国や韓国の歴代王朝の正史はすべてこのように書かれていた。それが往々にして歴史像を歪《ゆが》めてしまう大きな原因だ。

近代国民国家も、近代民族も、近代になってから生まれたもので、近代資本主義の発達過程で生まれた歴史的産物である。

現に中華民国も中華人民共和国も、近代国民国家造りには決して成功はしていない。中華民族をつくり始めてから、すでに一〇〇年近くたっているが、いまだ中華民族とはただのフィクションであって、生まれてはいない。ウイグル人やチベット人が自らを「中華民族」と自称していないことからもそれは明らかだ。

中国は、国家としても民族としても未熟であり、まったく文化もアイデンティティも利害関係までも異なる数十の民族を無理やりに中華民族として結合せんとしている。

そのために国造りも、民造りも紛糾と蹉跌《さてつ》が続き、東アジア争乱の震源地となっている。

日中戦争は国対国の戦争ではなかった

これまで述べてきたように、清帝国解体後の東亜大陸には、諸民族をめぐる遺産相続処分という民族問題や、中華民国の「国のかたち」と「国造りの方法」、「権力分配」などの諸問題があった。

そして辛亥革命後はこうした諸問題から、各派各系の勢力による集団的武力行使が行われ、四〇年にわたる中国の内戦が起こった。

もちろん、中国の内戦は、辛亥革命からだけではなく、すでに一八世紀末の白蓮教の乱から断続的に一世紀半近くも続いてきた。

もっと遡《さかのぼ》れば、一八世紀の中葉から、漢族移民の大量移住によって民族対立が激化、中国西南地方の少数民族の反乱が絶えなかった。

そもそも中国とは戦乱国家で、中華帝国二千余年史の中で、全国的規模の内戦だけでも八〇〇年以上にわたって頻発していた。歴史年表をみるかぎり、戦争のない年はなかったと言ってよいだろう。

では中国の内戦はなぜ終わらないのだろうか。

長い戦乱の歴史からみると、戦争そのものが伝統文化となっている点があげられる。というのは、言語不通による各地方の文化摩擦が避けられず、また、人口過剰による資源争奪も熾烈《しれつ》であり、社会安定を保つのが難しいからだ。

そのうえ法治社会ではないから、力以外に資源分配のルールが確立できない。そして根強い地縁的、血統的意識からくる派閥闘争が絶えず、それが広大な大陸のひとつの宿命となっていた。

しかし、戦乱国家の中国の内戦は中華民国の時代に入ると、伝統的内乱の質とは違い、ほとんどが「国のかたち」をめぐる各派各系武装勢力の内戦となった。

辛亥革命（武昌起義《ぶしょうきぎ》）当時、革命軍の司令官・黎元洪《れいげんこう》が各省各地の革命軍に対して発布した宣言は、「連邦政府」の樹立を目標としていた。

中華民国の共和政権樹立後、孫文もはじめはアメリカ合衆国の連邦制度をモデルにして各省の自主自治を強調したが、中国は中央集権体制でしか国家が成り立たなかった。

孫文思想は五目ソバのようにかなり雑である。人間を「先知先覚」（先覚者）と「後知後覚」（常民）に分け、中国民衆を「愚民」とみなしている。愚民を統治するには、軍政、訓政、憲政と三段階を経ないと、民主政治は達成できないと唱える。

孫文は何よりも「議員専制」（議会政治）を警戒し、軍事専制に心酔していたので、大総統よりも大元帥《げんすい》職を好んでいた。

かつての維新派の巨頭・梁啓超は孫文の「軍政」＝軍事独裁を「戒厳令政治」と痛烈に皮肉った。孫文思想は、最近アジアで流行している、開明な啓蒙《けいもう》君主による開発独裁であり、その元祖ともいえよう。

中華民国初代大総統・袁世凱《えんせいがい》は、行政改革として、省県制に代わり道州制に改革する予定だったが、財源不足でできなかった。

近代史には、北方軍閥と南方革命政府の対立は、中華民国の新政府が樹立されてから蔣介石の北伐完了、全国統一に至るまでずっと続いていたと書かれている。しかしそれは決して正確ではない。

南北両政府、両勢力以外にも、いわゆる「連省自治（中華連邦政府）」派という第三勢力があった。それは四川、雲南をも含めた華中の揚子江流域を中心に展開していた。

スイス型連邦制を推す梁啓超も、中国共産党初期の指導者陳独秀《ちんどくしゅう》も、李大釗《りたいしょう》も「連省自治」論者。中華民国の名づけ親といわれる章炳麟《しょうへいりん》（太炎）はもっとも極端な連邦論者で、「中央は一兵一騎も持ってはならず」とまで極言していた。

毛沢東でさえ、かつては湖南共和国論者で、人民共和国樹立後も北京中南海の大奥にいながら中央集権体制を嫌っていた。だから人民公社を目指したのだろう。

清の崩壊後、中華民族の共和体制に入ったものの、天子を失った新生中国は、逆に争乱の時代に入った。

北洋派軍閥の内戦だけでなく、孫文改革派も征戦を繰り返した。

辛亥革命前の同盟会時代から孫文の不倶戴天《ふぐたいてん》の敵であった章炳麟は、中華民国の政治の三悪は、「約法、国会、総統」にあると指摘し、「三蠹《さんと》」(三匹の害虫)と称していた。

中国の危機を救うには、集権を止めて分権あるのみと叫び、「中国を数国に分割、二分、三分、四分、五分に分割すべきである」と分割論を主張していた。青年時代の毛沢東はもっと極端で、「二七国」の分国論を主張した。

一九八九年の六・四天安門事件後、海外亡命した民主派の間では「連邦制」にすべきという論が主流となっている。李登輝元総統が著書『台湾の主張』の中で、中国「七分割」を提言しているのも、中国の過度な集権体制の諸問題が今日に至ってもなお存在し続けているからだろう。

だから中華民国の時代は、実質的には第二の「三国時代」であり、地理学的にも地政学的にも漢末の魏《ぎ》、呉、蜀と極めて似ていた。三国との違いは、皇帝のような伝統的世族がなかったため、統合目標に欠けていたことだ。くるくると変わる権力交替劇は、唐王朝崩壊後の五代十国とそっくりであった。

しかし「国のかたち」をめぐる諸勢力の対決では、いつでも「天下三分」のような三つ巴《どもえ》の様相を呈し、日中戦争中でさえ、蔣介石、汪精衛《おうせいえい》、毛沢東による重慶《じゅうけい》、南京、延安《えんあん》という三つの政府の闘いであった。

安直戦争や奉直戦争は、北方軍閥の北京政権争奪をめぐる内戦であった。湘鄂《しょうがく》（湖南VS湖北）戦争（一九二一年）が、連省自治派VS北方軍閥の戦争であったのに対し、粤桂《えっけい》（広東《カントン》VS広西《カンシー》）戦争（一九二一年）は、連省自治派VS南方革命派の戦争であった。

中華民国の時代は村VS村の殺し合いから省VS省の戦争、派閥VS派閥の内戦がはてしなく続いた。辛亥革命後の二〇年近くは、四川省一省だけの内戦を取り上げても、五〇〇回にものぼった。

中国は人口が多く、そのため考え方や主義主張も多彩になる。一君万民制が打倒され、急に共和体制へと移行したとなると、会派を含めて政党は六〇〇ほどにもなった。それでも無理やりにひとつの国家を維持しようとするのだから、力の対決で決着をつけるしかなくなってしまう。

しかし各派は負けてもなお、自ら政府をつくって、全国民を代表すると言い張るしかなかった。同じ国民党内部でさえ分裂して、武漢VS南京、広州VS南京、北京VS南京、重慶VS南京といったように一党二政府で対決を続けた。中国共産党のように山ひとつを占拠して、瑞金《ずいきん》ソビエト政府をつくり、分裂と粛清を繰り返すこともあった。

こういった天下大乱の中国大陸で、列強はそれぞれの思惑や国益に基づいて各系各派の武装勢力に肩を貸して支援した。このようなことは、現在でも世界の各地で続いていることだ。

たとえば朝鮮戦争やベトナム戦争には米ソが介入し、アフガンの内戦では、米ソ以外にインド・パキスタンまでが介入、カンボジアの内戦も、米中の他に、ベトナムやタイが介入していた。

辛亥革命以後の中国は、まったく国家としての体をなしていない。それぞれの仲間を糾合して多くの政府は成立したが、どの政府も全中国を代表するとは言いながらも、対外的にはしかるべき責任をまったく取っていないのだ。

だから、日中戦争を国家VS国家の戦争と規定するのはそもそも大きな間違いであり、国家間の戦争という立場から、中国が「侵略戦争」だと非難するのも筋違いなのだ。

日本が宣戦布告をしなかったのは、国家間の戦争ではなかった何よりもの証拠だ。

こういった天下大乱の大陸で、いかにして新秩序の再建を完遂するかということが、むしろ当時の列強としての倫理的責任であった。日本軍は至るところで秩序を再建し、むしろ民衆を守る政府として支持、支援された。

では、日本は日中戦争で中国に対し、いったいどういう歴史的貢献をもたらしたのであろうか。

党利党略、私利私欲に狂奔する中国人は、「先安内後攘《じよう》外」（内部安定が先、対外戦争が後）というスローガンの代わりに、「共同抗日」の気運をつくり、中国民衆の結集のための大義名分にした。逆説的に言えば、日本の存在は本来バラバラだった中国人をひとつにまとめることに役立ったのである。

やがて国共をはじめ、各派各系軍閥の対話ムードが高まった。そのため内戦は一時的に緩和され、民衆の生命財産の犠牲が減少したのだ。

軍閥と土匪の地方割拠の力が後退し、軍閥をはじめとする旧勢力が民衆の中での存在基盤を失ってしまった。そして日本軍占領区では社会治安が回復、新秩序が再建された。

伝統文化への反省から、五・四運動以来の「民主」（徳先生《デモクラシー》）と「科学」（賽先生《サイエンス》）のスローガンが民衆の間に定着するようになった。抗日運動の中で民族主義が育《はぐく》まれた。愛国心も生まれ、政治、経済、社会改革の意識が広がった。

中国の大勢は、日中戦争によって、大きな変化が起こった。いわゆる内戦（内部矛盾）が「次要矛盾」、共同抗日（外部矛盾）が「主要矛盾」となり、内戦から統一へと大きく貢献したのである。それが歴史のグローバルな見方である。

毛沢東が訪中した佐々木更三社会党委員長に対し、日本の中国「侵略」を非難するよりも、中国の「革命」と「統一」に貢献したことに感謝すると語ったのは、恐らくこの歴史観からくるものだろう。

毛沢東は「中国人が平和愛好（孫文のセリフ）というのは嘘であり、じつは好戦的な民族である。かくいう私もその一人だ」と語ったが、まさしく正しい歴史認識であろう。いざ争乱の収拾がつかなくなると、春秋戦国や南北朝のように、争乱が四〇〇年も続く。

一八世紀末から一世紀半にわたる中国内戦から日中戦争をみると、本格的戦闘は、盧溝《ろこう》橋《きょう》事変から武漢《ぶかん》陥落の一年半だけで、その前や日中戦争中、そして終戦後にも国共内戦という形で、内戦を繰り広げていたというのが史実だ。

だから中国人が唱えている「八年抗戦」の抗戦史だけではなく、一世紀半にわたる内戦史から日中戦争の本質（虚実）をみなければ、正しい歴史認識は不可能だろう。

中国内戦は清帝国の遺産相続をめぐる列強の代理戦争

清帝国の遺産相続戦争は、決して辛亥革命の後から起こったのではない。一九世紀末から康有為、梁啓超ら維新派と孫文ら革命派の闘いがあり、そして革命派内部の各派各系勢力の抗争があった。さらに、実力派としての曾国藩《そうこくはん》、李鴻章の湘《しよう》、淮《わい》軍の流れをくむ北洋軍閥が省ごとにあり、征戦を重ねていた。北京政府、南京政府、広州政府もそれぞれ合従連衡しながら、抗争を繰り返していた。

各派各系の武装集団、政党・会派集団も、それぞれ列強と手を組んで縄張りを争い、興亡消長を繰り返していた。列強も時代とともに英仏独が中国大陸から後退し、最終的には日米露（ソ）が残った。

ロシア革命後のソ連は蒙彊《もうきよう》を勢力支配下に収め、西北王の馮玉祥《ひようぎよくしよう》、中国共産党などを影響下に置いた。スターリンは終戦まで中国共産党の後見人となっていた。

米は最終的には英仏に代わって、蔣介石系勢力の最大のスポンサーとなった。

日本は初代大統領・袁世凱をはじめ、実力者の段祺瑞《だんきずい》、張作霖《ちようさくりん》を支援、最終的には汪精衛の最大の支援者となった。

もちろん、中国各派各系の戦争が、すべて列強の代理戦争というわけではなかったが、資金、兵器の援助以外にも、日独米ソの軍事顧問団の存在は欠かせなかった。ほとんど軍事力を持たなかった孫文のように、対外的には英米、日、ソの間を泳ぎ渡りながら列強をはぐらかし、対内的には各派各系の軍閥、匪賊集団をそそのかしながら合従連衡を繰り返し、政府がつくられるたびに民衆の反乱、政権崩壊を煽《あお》った政客もいた。反日、抗日を叫ぶ知識人もほとんど口ばかりで、実戦的に中国各系各派勢力の抗日戦争を指揮していたのは、ソ、独、米などの軍事専門家であった。

たとえば、蔣介石の黄埔《こうほ》軍官学校時代から北伐の途中、寧《ねい》・漢分裂（南京政府VS武漢政府）期まで、国民党軍を裏で指揮していたのは、ボロディン、ヨッフェなどコミンテルンのソ連軍事顧問団であった。ソ連の後はドイツ参謀本部の軍事顧問団が支援に回った。そして最終的には、重慶政府はほとんど米軍の指揮下に置かれ、対日戦争が繰り広げられた。

だから北洋軍閥の内戦だけが列強の代理戦争というわけではなく、南京政府、重慶政府、延安政府という三つ巴の「日中八年戦争」も、実質的には、日、米、ソの代理戦争であったのだ。

列強時代の洋商（欧米の商人）の代理人は、中国では「買弁《ばいべん》」と呼ばれ、政治的協力者は「漢奸《かんかん》」と軽蔑される。南宋の時代に金との和平交渉に成功した秦檜《しんかい》宰相、明末に清軍の中国征服を案内した長城守将の呉三桂《ごさんけい》が漢奸の代表的人物である。では中華民国の一国多政府の時代には、いったい誰が「漢奸」で、なぜ列強が中国の内戦に介入せざるをえなかったのか。

日本支持の南京汪精衛政府の指導者たちは、戦後、漢奸とされた。しかし、汪精衛の未亡人陳璧君《ちんへきくん》が南京裁判で反論したように、汪精衛が漢奸ならば、蔣介石は米の、毛沢東はソ連の漢奸だろう。

政府乱立の中国では、どの政府が中国人を代表する正統なる政府なのか、それを決めるのは物理力である。だから「勝てば官軍」というのが、中国の社会法則であり、歴史法則となっている。現在でも選挙をしていない、いや、できない中国では、政府が民意を代表しているとは言えない。

政府乱立の中国は、国家としての体《てい》を成していなかった。そのため、万国は誰を責任ある相手として外交交渉すべきかという問題に直面する。もちろん話のわかる相手を探すしかない。だから近衛《このえ》首相の「蔣政権を対手《あいて》にせず」という政策も決しておかしいことではない。

責任ある統一政府がない以上、列強はそれぞれの国益に基づいて、特定の政府や勢力に支持支援するのは昔も今も国際政治の常識である。

もしこのような中国をめぐる代理戦争が中国への侵略なら、近現代における内戦の中で「侵略戦争」でないものなどないことになる。

朝鮮戦争は米・国連と中ソの半島侵略、ベトナム戦争はアメリカの侵略戦争、アフガン戦争はソ連、アメリカとインド、パキスタンの侵略戦争、カンボジア内戦はベトナムと中国の侵略戦争、コソボをめぐるユーゴの空爆は、米・欧ＮＡＴＯ軍の侵略戦争……ということになるが、その責任を追及する動きもない。

日本が今日まで中国を「侵略した」と言われ続けている最大の理由は、長期にわたって中国を占領、征服しなかったからだろう。

女真人の金、モンゴル人の元、満州人の清など、中国の征服王朝は、そもそも中国とは征戦を繰り返していた敵対民族であった。しかし長期にわたって中国を征服すればすぐに正統の王朝として認められる。

中国征服者の祖父ジンギスカン、ヌルハチを中国人の民族英雄にして「太祖」と追諡《ついし》したように、もし大日本帝国が中国の征服王朝になったら、中国人は絶対に明治大帝を「和太祖」と追諡し、民族の英雄としたことだろう。

最近、中国では「統一史観」が流行し、それに基づいて中国を征服した東夷韃靼《タタール》の康熙皇帝を民族英雄として讃えているが、同じように昭和天皇を「世祖」にして中国人の誇りとしただろう。呉伯《ごはく》、徐福《じょふく》を日本人の祖先として「和漢同祖論」が広まるであろう。中国史を知る人はそう考えるに違いない。

中国の内戦は、各派各系の勢力がそれぞれに列強と手を組んでいた。日本もその列強のひとつに過ぎなかった。

日本が戦後、「侵略者」と批難されるのは、決して手を組んだ相手（汪精衛南京政府）が悪かったからではない。ただ戦争に負けたからだけであった。戦いに勝ち中国を征服した夷狄は、すべて中国人の祖先や民族英雄に祭り上げられているという事実から、中国五〇〇〇年史をみなければならない。

歴史とは強者、勝者からつくられたものだということを知らなくてはならない。「負ければ賊軍」という歴史の法則は今なお続いていることを認識すべきだ。

中国人は日本軍を熱烈歓迎していた

日中武力衝動から日中戦争にまで発展した原因は、もちろん単一ではない。最大の要因のひとつは中国の反日抗日運動であり、中国からの挑発であった。では、中国はいつから反日になり、そしていつから抗日運動を始めたのか。そこで操られていたのは誰であろうか。

日露戦争後には清国人留学生が大挙日本に押し寄せていたから、反日ではなかったはずだった。日本政府は公然とは革命派を支援できなかったが、多くの日本人志士が「支那革命」に参加し、多数の犠牲者を出した。孫文だけでなく革命派指導者たちは犬養毅《いぬかいつよし》と頭《とう》山満《やまみつる》を父母のように崇《あが》め、親しんでいた。

清国政府から反政府活動の取締りを要請されたため、日本政府は東京に群がる革命派の活動への政治干渉を強化した。そのため革命派は反日に転じたが、一方で支援の期待もあった。

中国人の反日感情が激化したのは日本政府が袁世凱政府に対して行った二一カ条要求からだと言われる。

しかし、そもそも二一カ条要求の原案は、政権獲得を狙う孫文が日本の支援を取りつけたいがために日本政府に提示した支援条件だった。日本政府は逆にそれを袁世凱新政府への交渉条件としたのだ。反日革命派が、それをあたかも日本政府が袁世凱政府に理不尽な強要をしたかのごとく民衆に宣伝し、反日運動をそそのかしたのだ。

第一次大戦後のベルサイユ条約でドイツの山東権益が日本に引き渡されると、学生を中心とした反日運動「五・四運動」（一九一九年五月四日）が起こり、それはやがて大衆の反日運動にまで広がっていった。

そして、時代が下がるとともに反日抗日運動は激化していった。ここで、日中衝突の歴史背景を振り返ってみよう。

一九〇〇年から〇一年にかけての北清事変後、清国に国内治安を維持する能力はもうすでになく、中国の治安および各国居住民を保護するため、国際条約に基づいて列強各国（イギリス、アメリカ、ドイツ、フランス、ロシア、日本、イタリア、オーストリア）に駐留軍を認めた。現在のユーゴのコソボ問題と同じようにＮＡＴＯ軍が治安維持に駐留しているようなものだ。

しかしそれでも中国は辛亥革命後、内戦は激化する一方で、ほとんどカオス状態となり、回復できなくなった。

そもそも支那人は、日本を東方海上にある小さな東夷として見下し、貧しい日本人を「東洋鬼、喝冷水」とからかって、軽蔑していた。その日本人が中国にまで進出してきたことに、中国人のコンプレックスが刺激され、怨みを助長し、攘夷《じょうい》の対象となったのだ。ことに日露戦争後、欧米露列強勢力は中国から後退し、日本が最大の攘夷の目標となったのだ。

このように、中国の反日意識の根源は、伝統的華夷思想にあり、東夷に対する中華の優越意識である。ことに中華の優越性が脅かされればされるほど、反日意識が高まる。

伝統的華夷思想だから、もちろん反日とは限らず、義和団事件の際にもみられたように、排外意識は政治的必要に応じて、反米、反ソとしても表れる。

かくして内戦終結のために「一致対外」の統一のテコとして、政争の方便として利用された。そして、内戦中の各勢力は日本人を虐殺し、挑発を繰り返した。

そもそも「安内攘外」が蔣介石の基本対日政策であった。「外寇《がいこう》は憂慮するに足らない、内匪こそ心服の患である」と強調している。というのは、北伐統一後の中国は、北洋軍閥との内戦は終わったものの、国民党の内戦、内紛が逆に激化していたからだ。そのうえ国共内戦もあった。

国民党に追いつめられた共産党は、大逃亡の途中、一九三五年八月一日、「八・一宣言」を発表し、抗日救国を宣言した。やがて「反蔣《ホワンチヤン》抗日」から「逼蔣《ビイチヤン》抗日」へと統一戦線に政策転換して蔣介石に内戦停止を迫り、一致抗日を要求した。

蔣介石の「安内攘外」政策が変わったのは、一九三六年の「西安《せいあん》事件」であった。東北軍の張学良《ちようがくりよう》と西北軍の楊虎城《ようこじよう》が、延安に逃げ延びていた共産党軍を掃討作戦中に、古都西安を訪れた蔣介石を逮捕監禁して、共産党掃討中止と一致抗日を迫ったのだ。これが「兵諫《へいかん》」である。この蔣介石幽閉事件が、第二次国共合作と、抗日戦争へ政策転換する契機となった。

やがて反日抗日運動は中国民族運動に欠かせないテコとなった。

一九三七年、盧溝橋事変直後に通州の日本人居住民が中国の保安部隊に虐殺されるという事件が起こると、日本人の間では「暴支膺懲《ぼうしようちょう》」と対中武力行使の世論が沸騰し、日中衝突から日中戦争へと激化していった。

しかし、中国民衆のすべてが反日抗日に燃えたかというと、そうではなかった。日中戦争中にも、日本軍が入城するたびに各都市の市民は日の丸の旗を振って熱烈歓迎した。中国では、いかなる民族であろうと強大な外族（外来民族）が入ってくると民衆だけではなく、百官も競って迎え入れるという歴史法則があり、それが最大の弱みだった。

中華の民とは、まとまるには難しい民である。孫文の言葉を借りれば、いわゆる「一盤《イッパン》散砂《サンサア》」（ばらばらの砂）である。

そして彼らはいつも新しい征服者に期待する。だから中国に侵入したいかなる異民族も、たいていは抵抗よりも「熱烈歓迎」される。たいていは北方の夷狄《いてき》が長城を越え、関内に入ってくると、天朝はたちまち崩壊し、各地の城（市）民は競って城門を開け、整列して敵を迎え入れるのが常例であった。民衆にとっては、民族・華夷《かい》の異質性よりも、むしろ征服者が強力な「真命天子」（真に天命を受けた天子）であるかどうかが興味の対象であり、歓迎するかどうかの決め手となる。

中国の大地が繰り返し夷狄に征服されてきたのも、その「一盤散砂」と呼ばれる中華の民の脆《もろ》さにあるのだろう。あの巨大な万里の長城は、北方に対する恐怖の象徴であった。

たとえば、流民を率いる李自成《りじせい》の農民軍は、北京に入城したとき、解放軍として百官と市民に宮廷へ迎え入れられ、満州人が長城に入城した時、北京宮廷の百官は城外数里まで、儀仗隊を先頭に彼らを迎え入れ、民衆は家々に順民と書き、線香を焚《た》いて満蒙八旗軍を歓迎した。

中国の社会構造は、あらゆる権利を持つ官僚支配者と、あらゆる義務を負わせた被支配者（民衆）によって構成される。だからいかなる時代であろうと、民衆はつねに強くて新しい支配者に未来の希望を託しているので、誰であろうと解放者として熱烈に歓迎したのだ。

じっさい、北京市民は各派各系の軍閥に対しても、国民党軍にも、日本軍にも、人民解放軍にも、いかなる外来支配者に対してもすべて熱烈歓迎した。

では、支那の民衆が日本軍を歓迎したのは、そうした国民性だけが理由だったのだろうか。民衆は家々にそれぞれ各派各系の旗を用意しており、日の丸の旗もそのひとつに過ぎなかったという弁明もあるが、決してそれだけとは限らない。

なぜなら、満州事変後の満州でも、日中戦争中の華北から華中、華南各地でも、日本軍占領地ではすぐに治安が回復し、中国人による治安維持政府が成立したからだ。日本軍の占領区では各派各系の兵匪の略奪を避け、生命の保護が保たれるから、駆け込み寺として中国民衆が群がり、駆け込んできたというのが史実である。

日本軍支配下の地域に中国の民衆が流れ込んでくるというのは、すでに一九〇〇年の北清事変の時代から始まっていた。八カ国連合の北京占領時、北京市民は布や紙で「大日本順民」と大書して日本軍の入城を熱烈歓迎した。

柴五郎中佐が率いる日本軍は軍紀が厳しかったこともあり、日本軍占領区の北城はすぐに治安が回復し、市民は略奪と混乱を避けて北城の日本軍占領区に駆け込み、保護を求め、柴中佐は神様のように崇められた。

いずれにしても、中国の一般民衆レベルでは反日よりも親日だった。しかし、当時の政治的必要から反日運動がしかけられ、それが日中戦争最大の原因となった。日中戦争は決して日本が一方的に起こした侵略戦争ではなかったのだ。しかけられた反日にのせられ、「暴支膺懲」の世論と対支武力行使に出たのは、日本の不覚というよりも、日本人の尊厳と生存権を守るための勇気ある逆襲とみるべきだろう。

五族共和の満州国建国は日本の道義的責任だった

満州国については、植民地学者の多くがそれを日本の植民地だったと結論づけている。そして満州国の遺産は悲惨な「植民地の爪跡《つめあと》」とされた。「爪跡を訪ねて」といった中国東北地方への紀行文もよく目にする。

中国政府は、満州国を日本の傀儡《かいらい》国家として非難している。しかし、中国人は他派の政府や国家はすべて「偽」をつけて「偽満州国」としたり、あるいは「傀儡」と名をつけるのが一般的で、共産党政府も蔣介石の重慶政府や汪精衛の南京政府に対して同じ呼び方をしていた。かつて韓国も北朝鮮をソ連の「傀儡国家」とみなした。

それは「天に二日なく、地に二王なし」の中華思想からくるものだ。東西パキスタンが分離独立したとき、周恩来総理は東のバングラデシュをインドの「傀儡国家」とけなしたものの、いざ政権が安定しはじめると、先を争って承認したことをみれば、中国人のご都合主義がよくわかる。

中国は満州を神聖なる絶対不可分な固有領土であると主張したが、これは荒唐無稽だ。清の時代に完成した大百科「四庫全書」には、支那の黄帝開国以来、清は中国歴代王朝とずっと並存する国家だった、とある。

長城内の関内と長城外の「塞北」「関外」とは、有史以来敵対する二つの世界であり、二つの植生圏であり、そこでは共存できない文化と文明との摩擦と衝突が繰り返されてきた。それが北方諸民族の歴史でもある。

だから、清国は金の時代から中原の漢民族の諸国家とは敵対関係にあった。じっさい、ヌルハチが後金国を建国する際の国家目標は、明に対する復仇《ふっきゅう》にあった。いわゆる「七大恨」（明軍の侵略と虐殺に対する恨み）である。

前述のように、清王朝時代の中国は、清国に征服された植民地ともみなされていた。事実、宣統《せんとう》皇帝退位のときには、交換公文の書第一条に「外国君主待遇」と書いてある。

中国人は、満州人の祖先は黄帝二四子の一人であり、満州も中国人がつくったと主張するが、これは荒唐無稽な神話だ。

仇敵だったヌルハチに「太祖」と追諡し、中国人の民族英雄として祀《まつ》っても、満州国は中国の固有領土とは関係ないだろう。

満州の歴代王朝を中国の一地方政権だったとする主張は、中国でしか通用しない独断である。

先述したように、孫文は興中会最初の革命綱領において、「タタールを駆逐し、中華を回復する」と主張している。革命の資金援助交渉のために、孫文は手中にもしていなかった満州を日本へ売却交渉したが、それは、そもそも満州を自国領として考えてはいなかったからだ。

満州人の祖先、女真人はかつて金王朝をつくり、中原を支配した。モンゴル帝国に滅ぼされた後、再興して全中国を征服し、清王朝を築き上げた。中国人自身もそれを正統の王朝として認めている。

清王朝が中華民国によって滅ぼされた後、満州人が祖先の地・満州で祖国を再興することの、いったいどこが悪いのであろう。日本は退位させられた宣統皇帝まで復辟《ふくへき》させ満州国の再建・独立を支援したが、仮に「内面指導」まであったとしても、それこそ強者をくじき、弱者を扶《たす》けるという、当時の列強としての日本の道義的責任からのことだろう。

イギリスが第二次世界大戦後、すでに二〇〇〇年も前に滅ぼされたユダヤ国家を再建させたことに、中国政府はかつて「満州国のようだ」と非難したが、イスラエル人からすれば、とんでもない妄言だ。

しかしそんな非難をしたこともすっかり忘れて、中国は国益からイスラエルと国交を結び、今でも軍事技術において協力関係にある。

東アジア史、あるいは世界史から満州についてどう正しい歴史認識を持つべきだろうか。

ドイツとフランスを合わせた土地面積、しかもそれとほぼ同じ緯度にある満州は、かつてモンゴル系、ツングース系諸族の祖先が活躍する地であった。もし高句麗《こうくり》人が朝鮮人の祖先のひとつとすれば、古代朝鮮人の地でもあろう。

そもそも満州は、中国人が自らつくった人工国境である万里の長城の北方にある関外、塞外の地である。北の塞外も関外も伝統中国の意識からは中国の地として認められていない。

契丹《きったん》人と女真人がかつて遼《りょう》、金王朝をつくり、中国の北方を支配し、満州人が清王朝をつくって中国を征服したものの、それで中国の不可分なる固有領土であると主張してよかろうか。

ましてや、そこはかつて中国人入植禁断の地であった。清王朝の中国征服後、満州人は統治者として大挙中国に入り、満州を天領として狩猟の地にした。

清帝国はアヘン戦争とそれに続く回乱（一八五〇年代〜七〇年代）の後、内憂外患の危機意識の中で回部を新疆省として設立し、化外の地・台湾も「省」として設立、朝鮮も郡県制を敷き、省として設立させる予定であったが、すでに力の及ぶところではなかった。

そういった西力東来の危機意識の中で、一九世紀末、列強勢力の侵入を防ぐために中国の辺境は初めて漢人の移住、いわゆる「移民実辺」が許され、諸民族移民の新天地となった。一九三一年の満州事変から張学良系の軍閥が追放され、日本関東軍の支持のもと、満蒙漢日鮮の五族共和を目指す満州帝国を再建した。

そもそも五族共和とは、清王朝の理念的国家理想であり、漢満蒙回蔵の五族共和を目指したものだった。中華民国がそれを受け継ぎ、共和国の国家理想としていた。満州国も諸民族移住の新興国家として、理想的共和、協和国家を目指して国造りを始めた。

もちろん、それは決して幻の共和国でもなければ、「人工国家」でもなかった。満州国は独伊をはじめ、当時の半数近くの国家的承認を得て認知されていた国家であった。日本は満州国を近代国家として育てたが、中国はチベットを滅ぼした。そこが対照的だろう。

だから、満州国を中国の侵略史観に基づいて「傀儡国家」だと決めつけるのはおかしい。中国人学者の中には、日本人に「支那」という用語の使用禁止を求めたのと同様に、「満州」という言葉の使用禁止を日本政府に要求する運動を起こそうとはしゃぐ世間知らずの輩《やから》もいる。曰《いわ》く、「満州」という用語は、中国と満州を分離させるために日本人が捏《ねっ》造《ぞう》した言葉だ、だから中国人と同じく「東北」を使わなければならない、というわけだ。

しかしそれはとんでもない言いがかりだ。「東北」とは、ただ中華思想に基づいて自己を中心としてみた場合の方向を示す言葉であり、地名ではない。日本の方位からすれば、満州は「東北」ではなく、「西北」と言うべきだろう。しかも、日本という国家は、言語表現自由の国家である。中国の言語統制システムの延長ではない。

満州国を「傀儡国家」とみなし、長城外の諸民族の共和を目指す新国家の再建を否定することは、明らかに「天下王土に非らざるものなし」という中華帝国史観からみた国家観にほかならない。

中国人にとっての王道楽土となった満州国

一九世紀から二〇世紀にかけての中国の経済的実情について記されたものは、皆無ではないものの、日本ではごく少数の学術論文を除いてほとんどない。スメドレー女史の『女一人大地を行く』(一九二〇年)は、ただ彼女の革命見聞記にすぎない。

二〇世紀の中国は、決して日本の中国古代史家の想像するような牧歌的な田園ではなかった。

概して全体的に言えば、中国の大地に地主、士紳(地方有力者・長老)、軍閥、匪賊が、農村、都市、山林湖沢をそれぞれに支配し、棲《す》み分けが行われていた社会であった。そこに日常的に襲ってきたのが戦乱、飢饉、流民、そして略奪と避難であった。

この時代、中国人にとっての唯一の桃源郷が、外国人管理下の「租界」であり、中国の民衆にとっては、一族で「租界」に暮らすことが人生最大の夢であった。

中国の近現代史を知るにはこうした社会経済史学的な観点が極めて重要であると私はしばしば指摘してきた。

もちろん近代になると、漢末の黄巾《こうきん》の乱のような道教的、仏教的来世の思想的影響力は、ほぼ白蓮教の反乱の時代で終わってしまった。天草の乱にも似たキリスト教的上帝会による太平天国の乱も、一九世紀の中葉ごろで終わってしまった。

一九世紀末から二〇世紀に入り、日本の明治維新、文明開化思想の延長として、中国も維新や革命が新しい救いの思想となった。ロシア革命以後はさらに共産主義思想も加わり、救いの思想となった。

英王の使節マッカートニーが熱河《ねっか》で乾隆皇帝に謁見《えっけん》し、通商要求を断られた後、使節団一行は陸路北京から広州に至るまでを走破し、海路で母国へと帰還し、英王に復命した。このときのことを記した『奉史記』には、マッカートニー一行が見た一八世紀末の清国は、乾隆帝が「わが天朝にはないものはない。欲しければ恵んでやる」と豪語するほどの国家ではなくて、沿道には乞食と匪賊だらけの国であったと語られている。

二〇世紀になると社会環境と自然環境の崩壊はいっそう進み、中国社会は人間地獄となってしまった。それは毛沢東の言葉によると「一窮二白」（すかんぴん、貧しくて無学無知）の中国であった。国民党政府は、この悲惨な中国大陸が新中国成立後も続くと想定し、「水深火熱」の同胞を救うことを「反攻大陸」のスローガンとした。

このような中国大陸の惨状ゆえ、欧米列強の人間は教会伝道師を除いてほとんどが中国国外へと逃げ去っていった。残ったのは、「四百余州と四億の民」を持つ大陸への雄飛という日本人の夢だけであった。

この飢えた大陸の惨状は、とても「侵略」したいほどの価値がある国ではなかった。そこで日本軍は、かつての満蒙八旗軍のように、中国の飢える民衆に救いの神として迎え入れられたのだ。

飢える大陸の民衆は、二〇世紀の歴史の中で、そのまま天命を待つか、新しい救いの神を求めるかという、二つの選択肢しか持たなかった。匪賊の跋扈《ばっこ》を抑えるために、中国の民衆は日本軍を選んだ。だから日本軍は迎えられ、至るところで自律的に地方自治政府がつくられ、その後、合流して南京の汪精衛政府が生まれた。

一九世紀末まで、満州が漢人（中国人）禁断の地であったことは先に述べた。満州は未開の大地だったのだ。

軍閥張作霖父子は満州の民衆に恨まれ、張学良は民衆から追われた。軍閥と馬賊の跋扈が消えた満州が、中国人にとって王道楽土でなくて何なのであろう。戦乱と飢饉の中国に比べ、塞外の満州は中国流民の桃源郷だった。

戦後、満州国に対する多くの偏見が生まれたが、じっさいには中国人にとって、当時の満州国は地獄ではなく、天国であった。

年間一〇〇万人前後の人間が流れ込んだという一事だけでも、何よりもその証明だ。地獄から天国へと走る人があっても、その逆はありえない。戦後、その地がずっと中国の最先進域であったことも、そのことを物語っている。

そもそも満州の地は農林業しかできなかったが、満州国の成立後には自動車も戦闘機も生産できる一大工業国になった。日本の国家予算が年間二〇億円だった時代に、日本人は満州国に十数年間で一三〇億円前後の資本投下を行ったのだ。

だから満州国の崩壊は、中国人にとってもアジアにとっても悲劇だった。

しかし、日本帝国と一蓮托生《いちれんたくしょう》の満州帝国はやはり日本帝国の崩壊とともに心中せざるをえなかった。満州荒野の一角にユダヤ資本を入れ、ユダヤ国家再建の計画もあったが、たとえそれが実現していても消えてしまっただろう。

大日本帝国最大の資本と技術移転の地であった満州がもう数十年長生きしていたら、アジア最大の近代産業国家となっていたはずだ。

もし満州国がもう少し長生きしていたら、中国の「国のかたち」も変わったであろう。満州国が中国に編入された後、中国政府はもっぱらその遺産を坐食《ざしょく》することによって堕落した。

もし満州国が今日までも長生きしていたら、アジア社会はもっと多彩になっただろう。満州国の国造りは、まさしくこのような夢をかなえるために生まれた五族共和の王道楽土であった。

執拗に「正しい歴史認識」を求め続ける中国の陰謀

一九九八年一一月、江沢民主席は、「二一世紀の日中関係の構築」という名目で訪日した。しかし将来への具体的構想など何もなく、「未来」よりもただただ「過去」の「歴史認識」を求めることに終始した。そのしつこさと唯我独尊の態度に、さすがの日本民衆も辟易《へきえき》してあきれかえった。

日中両国間の平和条約は、七〇年代にとっくに成立している。これまで数百回、数千回も「子々孫々の平和」を誓い合ったし、「六・四天安門事件」後、日本は欧米の対中経済制裁にも参加しなかったし、日中間の懸案はほとんどなかったはずである。

それどころか、日本は中国最大の資金援助国として、ＯＤＡや融銀から、もう六兆円も提供していた。九二年の天皇訪中は、日中新時代のスタートであったと日本人は理解している。

それなのに江沢民はなぜあれほどしつこく「過去の歴史認識」を強要したのだろう。その異常にして不可解な行動はいったい何の目的があるのだろうか。

それほど過去にこだわるのは、江沢民が過去に上海で日本人に日本語を強制され、義父が日本軍に虐殺されたことが原因だとも言われるが、それはあくまでも個人のことであり、個人の怨念である。たとえそれがつくり話であろうとも。

では、すでに半世紀以上も経った今日の中国は、なぜ最近になり、よりいっそう「過去の歴史」にこだわるようになったのだろう。

ソ連、東欧崩壊後、マルクス・レーニン主義、毛沢東思想への信仰と信頼はすっかり色あせてしまった。そこで、これからも全体主義体制を維持するためには、また愛国主義、大中華民族主義を育てていくには、日本に対する「過去の歴史認識」はどうしても必要なのだ。

もちろん、社会主義体制の最終防衛のためにも、日本の「過去の歴史認識」が欠かせない。全体主義体制を維持することだけが目的なら、毛沢東時代もそうだった。六四年に、日本社会党の佐々木更三委員長率いる訪中団が毛沢東に面会し、日本の「大陸侵略」の「過去」について「謝罪」を表明した。しかしそのとき、毛沢東は自信たっぷりと呵々《かか》大笑して言った。

「日本の軍国主義は中国に大きな利益をもたらした」「日本の皇軍なしに、われわれは権力を奪取することはできなかった」

台湾問題に対しても、七二年の訪中時、ニクソン米大統領にこう語った。

「世界問題がもっとも重要だ。台湾は小さな問題、一〇〇年後、台湾は自らやってくるよ」

それどころか、改革開放が始まった当初、葉剣英《ようけんえい》副主席は、「必要があれば台湾に資金援助も」とまで言うほどの自信だった。

中国人は自信にあふれる毛沢東時代には、「世界革命、人類解放」の使命感に燃え、プロレタリア独裁に対しても自信たっぷりであった。

しかし革命三代目の江朱体制の指導者たちは、これまでの自信を完全になくしてしまった。その焦りは、江沢民がスイス訪問中にチベット問題に対する抗議のデモ隊にあい、頭に血がのぼったあまり、出迎えたスイス首相に「国家管理もできないのか」と失言したことにも表れている。

毛沢東ら第一代の革命元勲たちは、「馬上天下を獲《と》る」という易姓革命の原理に従い、銃口から政権を取ったため、社会主義革命家としての正当性があった。しかし三代目指導者たちの権力のあり方は、ただ最高実力者の鄧小平から指名されただけで、しかもまったく民意に基づいていないため、権力者としての正当性に対する不安がある。党・軍内部の資源分配の確執による権力安定への動揺もあり、財政、金融、国営企業改革問題の挫折《ざせつ》から、経済的不安もある。

そこで社会主義崩壊の最終防衛のイデオロギーとして、反日による愛国主義と民族主義の育成が必要不可欠となった。

政治腐敗などの国内諸問題に対する不満、怨念をそらすために日本を主敵として、民衆の力を結集し、外敵に向かわせる必要があったのだ。

建国五〇年来、運動につぐ運動、革命につぐ革命で、中国は七〇〇〇万人もの自国民を殺した。国造りの失敗を責任転嫁するために、どうしても南京大虐殺を主題とする「過去」を繰り返し民族に教え続け、民衆の怨みを外に向けなければならない。

文化も言語も、宗教もアイデンティティも異なる国内のチベット、ウイグル、モンゴル各民族の歴史認識と、党内で対立する歴史認識を統一するためには、日本の「過去」への歴史認識、認知、同調、再確認が必要である。

現政権の日本に対する優位を確立するためには、日本の過去に対する反省と謝罪の継続化と永久化を行う必要がある。

同時に、現在のチベットなど周辺諸民族に対する弾圧、軍事占領、植民地化、さらに将来の台湾に対する武力行使の非難をかわす目的もあるのだろう。日本の「過去」に対する絶えざる譴責《けんせき》は、現在中国が犯している侵略行為、そして犯そうとする侵略のもくろみをかわすための行為であることは明らかである。

九九年七月の小渕首相訪中にさいし、朱鎔基《しゆようき》首相は「日本国内にはときどき戦争を美化する人がいて、中国人の感情を傷つけている。厳粛な認識で人々をよい方向に導いてほしい」と迫り、日本にも中国と同じような「言論統制」を要求した。

これは、中国の言論統制秩序の一環として、今までの日本に対する言論統制をさらに強化する目的だろう。

ましてや中国とは唯我独尊の国で、自己本位にしてヤクザの国である。ゆすりたかりが一回でもうまくいけば、とことんまで相手を追いつめる伝統がある。魯迅《ろじん》が言う「打落水狗」、つまり水に落ちた犬を追いかけて叩くのが得意ということだ。弱気だと見透かすと徹底的にいじめるサディストな国家である。単なる覇権主義国家だけだと見誤ってはならない。

一回謝罪しただけでも、歴史教科書問題、靖国神社公式参拝問題、日米安保、新しいガイドライン、ＴＭＤ反対と、次から次へと日本を追いつめてきているのは周知のとおりだ。問題なのは、日本人のマゾヒズム的性質である。ことに進歩的知識人であればあるほど自虐的だ。

そこが中国の尊大と跳梁《ちょうりょう》を助長する原因なのである。

第三章　それでも韓国に植民地支配はなかった

一度も中華帝国の主宰者になれなかった韓国人

韓国人は極めて自尊心の高い民族である。「朝鮮半島はアジア諸文化の発祥の地、古代に超巨大帝国をつくった」と、よく自画自賛している。しかし韓民族はこれまで、一度も中華帝国の主宰者になったことはなかった。それどころか、中華帝国の京師を占領したことさえなかったのだ。

前章で述べたように、東アジア大陸の北方諸民族、たとえば五胡《ごこ》、契丹《きったん》人、女真《じょしん》人、モンゴル人、満州人などは、長い歴史の中で、一度は中華帝国の全域や一部を征服したことがあった。少なくとも京師を占領、あるいは脅威を与えるぐらいのことはしてきた。実際、二〇〇〇年にわたる歴代中華帝国の中で、漢人がつくった中華王朝は、漢、宋、明ぐらいのものだ。中華世界の主人・真命天子は、決して大多数を占める漢人ばかりではなかった。

韓・朝鮮民族には、中華の主になるうえで、北方騎馬民族よりも地政学的に優利な条件が多くあった。それにもかかわらず、なぜ韓民族だけが、一度も中華帝国の主宰者となりえず、いつまでも北方大陸の諸民族に半島へと追いつめられ続けたのか。陸路から長城を越え、あるいは水路からも中国に入れるはずであるのに、なぜ中国に対して手も足も出せなかったのか。なぜ事大（小国が大国に仕える）主義を死守し、小中華として大中華の千年属国に甘んじ続けたのであろうか。

韓民族は、半島から出る力さえなかったのであろうか。じっさい、半島から出たのは、唐軍、蒙古《もうこ》軍、満蒙軍に強制連行された民衆や、歴代王朝が天朝に捧げた貢女《こうじょ》や宦官《かんがん》に限られていた。

まず、民族的な性格から考えてみよう。歴代の中華王朝に対して脅威を与えた、あるいは京師を占領し、全土を制覇したのは、ほとんどが騎馬民族であった。

騎馬民族が力を結集させるときはたいてい独自の力だけではなく、つねに部族、民族の壁を超え、諸民族の力を結集して一大同盟集団となり、繰り返し支那を征服してきた。北方騎馬民族の興亡史を読むと、すべてがそうだった。

一方、韓民族は基本的には農耕民族である。機動力からも、物理的な力からいっても騎馬民族に劣るが、それに加えて韓民族は人類史からみても類例のないほど排他的な民族で、ほとんど他民族とは同盟も、同調もしなかった。

丙子胡乱《へいしこらん》（一六三六年、清の第二回朝鮮侵入）が起こったのは、満蒙との同盟を拒否したからである。このような孤高な民族は、中国を征服する力を結集することはできない。中国の民衆に迎え入れられることも不可能だったであろう。

米食の民は中国の主宰者になれないというのが定説である。歴代王朝の中で唯一、南方から来て国を興《おこ》すことができたのは、明の朱元璋《しゆげんしよう》であった。しかし朱は安徽《あんき》省出身であり、江南《こうなん》でも米食ではなく、唯一の麦食であった。

韓民族は雑穀食用民族であるが、基本的には最北の米食集団であるから、中華王朝を主宰することができなかったとも言える。

農耕民族は、基本的には土地にしがみつき、超保守的であるから、変化を望まず、移動さえしない。だから世々代々半島にうずくまり、李朝の時代にも民衆は勝手な移動移住を禁止され、土地に縛られ続け、一歩も外に出られなかった。

朝鮮半島では、民衆を数万の自給自足の寒村の農耕民として生かさず殺さずという社会をつくっていたため、半島から一歩出るという余裕がほとんどなかったのであろう。一般農民は村の周囲数キロ内の生活圏で一生を終えた者がほとんどであった。

さらに、中華帝国から受けた思想的影響があげられる。半島の歴代王朝に富国強兵、対外進出の論議がなかったわけではないが、専守防衛が主流だった。高麗《こうらい》朝は崇仏尊武、李朝になってからは崇儒尊文である。崇儒尊文は李朝からであっても、有史以来、中国文化の強い影響を受け、春秋の大義から朱子学の君臣の義（大中華が君、小中華が臣）の強い影響を受けていた。

儒教の理論からすれば、有徳者の徳をもって、徳化、王化をするのが王道、力をもって人を服するのが覇道である。韓国は文の国であるために、天朝に対して武をもって訴えることは軽蔑すべきこと、そのため中国に攻め入ったりしなかったという説明もある。

しかし、それならば半島の「易姓革命」も禅譲《ぜんじょう》のみで行われたかというと、じつはそうではない。新羅《しらぎ》、高麗、李朝の王朝交替のみならず王位継承のときでさえ、血で血を洗う争いが繰り返し起こった。

よく言われるのが、韓国人は儒教倫理の「君に忠、父に孝」という教えに基づき、「孝」を最高倫理としている民族であるから、「父」とみなしている中国には絶対に手を出さなかったということだ。半島歴代王朝の国王は、天朝の朝廷から封じられたものであるから、下国の国王が上国の天朝に刃向かうとなると乱臣賊子になる。

君臣の義、父子の恩は天より高しと思われている。忘恩《ぼうおん》不義《ふぎ》の徒になりたくはないゆえに、中華王朝の千年属国として、永遠の忠節を尽くさなければならないという考えも影響していたことだろう。

しかし、この「支那人は韓国人の父論」もじっさいには場当たり的なものだった。というのも、一七世紀中葉ころに、事大を明国から清国に乗り換えた後、満州人の指揮下で三度も中国に侵入し、満蒙軍以上に明人を容赦なく虐殺した歴史があるからだ。「父である中国」に反抗しないどころか、北方民族の新政権になびいて、これまでの「父」をいとも簡単に殺戮《さつりく》してしまった。じつにご都合主義的なものである。

いずれにしても、韓国人にとって事大主義は有史以来の民族生存の知恵だった。強い者の威風の下について生き延びてきた長い歴史があるから、事大を投げ棄てて中華の主となることなどできるはずもなかった。

小が大に仕えるわけだから、中華帝国の主宰者になるのではなく、高官として取り立ててもらえばいい。だから唐以来一〇〇〇年以上にもわたって、貢女と宦官を献じ続けたのである。

宋王朝が女真人の金に侵攻され、まさに風前の灯《ともしび》のさい、高麗の朝廷では救援の議が起こり、中国史に名を残す好機だという議論が沸騰した。中華王朝の主宰者ではなく、忠義の臣になることが韓民族の永遠なる掟《おきて》なのであろうか。

李朝時代に両班《ヤンバン》が勉強したのは中国史のみで、自国史は蔑《さげす》まれた。中国史に名を残すことが、中国の忠義の臣民である韓国人にとって永遠なる夢だったのだろう。

もちろん、韓国人が中華の主になるという志を抱く人は決して皆無ではなかった。「四夷《い》八蛮が皆中原《ちゅうげん》に入ったのに、ただただ朝鮮だけができずにいる。こんな情けない国に長生きしていてもどうにもならない」と嘆いて亡くなった者もいる。異色の儒者・林白湖《りんはくこ》もその一人であった。

最近になり、箕子《きし》朝鮮の伝説から、「殷《いん》帝国をつくったのは韓国人だ。だから韓国人が中国をつくったのだ。そして中国人に半島へ追われた」という従来にはなかった史観が生まれている。

これは、殷の時代、殷の貴族で箕国に封ぜられ子爵であったという箕子が、殷末、紂《ちゅう》王の太師となったが、王の無道をいさめたためうとんぜられ、やがて殷が滅亡すると朝鮮半島西北部（現平壌《ピョンヤン》付近）に亡命して建国し人民を教化した、それが朝鮮人のルーツとなったという伝説である。

しかし、伝説はあくまで伝説であり、史実ではない。

また韓国人は、「今まで中国を征服していた北方諸民族はいったいどこへ行ったのか、今日まで唯一残っているのは韓国人だけではないか。中国はいろいろな民族に征服された。世界史の中で唯一征服されたことのないのは韓国だけだ」とも自画自賛している。

しかし前述したように、韓国人は有史以来、正確に言えば統一新羅以来、宗主国・上国に忠義を尽くし、ずっと属国・下国、あるいは小中華に甘んじていたのが史実である。

韓国人は満州人のように中原に入って中華文明を大成させる大中華の主宰者となる気魄《きはく》も気力もなかった。あくまで小中華に甘んじて大中華に忠義・忠節を尽くす民族的気質から抜け出せなかった。それこそが、韓国人が有史以来、中原へ鼎《かなえ》の軽重を問うことができなかった真の理由のひとつだろう。

日韓合邦が朝鮮を中華の千年属国から解き放った

近代西欧の国民国家の成立は民族運動・民族の純化・浄化が時代の主流である。しかし中華民国の樹立はそれとは逆であった。第二章ですでに述べたように、中華民国は、清帝国の遺産相続を絶対に他者へは譲らないことを原則として、清帝国征服下の諸民族の統合同化を共和国の国造りの目標としてきた。

今日に至っても中国の他民族統合の志向は続いている。それどころか、マルクス・レーニン主義、毛沢東思想といったイデオロギーが終焉《しゅうえん》した今日、社会主義政権の最終防衛として「大中華民族主義」を掲げて、猪突《ちょとつ》猛進中である。

中華民国の共和体制は、主要民族である漢、満、蒙、回、蔵の五族共和を目指したものだが、なぜか、そこに韓族は入らなかった。

歴史的には満、蒙、蔵という三民族とも、漢字文化圏でも儒教文明圏でもない。それなのに、漢と文化的に近い韓がなぜ五族共和の一員として加えられなかったのか。

広東人は中華帝国からすれば遠い辺境の越人《えつ》、粤人《えつ》である。越人とは国境を越える蛮族で、中国人ではない。現在の広州は漢時代には大越国の都であった。しかし、中原から遠い越人（＝粤人）の孫文らは中華民国の共和体制の主役となった。なぜより中原に近く、文化的にも近い韓人が中華民国の革命の主役にならず、越人の広東人が主役となったのか。それは広東人（粤人）が同祖同宗の越南人と手を切り、漢人と同化したのに対し、韓人はあくまでも韓人にこだわったからであろうか。いや、それよりも韓人が漢人になろうとしてなれなかったからであろう。

李朝時代の両班は小中華を自任しながらも大中華よりも中華的であった。彼らは「四書五経」、中国史のみに没頭し、ハングルを蔑《さげす》み、漢文に没頭して必死に漢人（大国人）になろうとしていた。

支那革命では多くの日本人志士の生命が犠牲となった。それなのに中華を夢の国にしたいと願っていた韓民族の志士たちのなかで、憧《あこが》れの国の革命に生命を賭《か》けた者がいただろうか。

近代国民国家の形成は、近代の歴史的産物であり、共通の歴史の歩みを持つことで同一の民族を生み、共同の国家をつくった。もちろん、すべてがそうではない。スイスもベルギーも多民族国家である。韓国も越南も同じく漢字文化圏でありながら、独自の歴史の歩みがあった。それゆえにそれぞれ違った国民国家をつくろうとしたのだろう。

しかし歴史の歩みがまったく違うウイグル人やチベット人も中華民国の一員になるのであれば、同文、同種、同俗、同宗と思われる韓民族はそれ以上に五族共和の一員になり、ともに大中華民族を形成する可能性もあったはずだ。

小中華から拡大して大中華になるのは、韓民族にとって、意識的にも違和感はないだろう。

中国人にしても、前述の箕子朝鮮伝説によって、韓国人は箕子の子孫であると教えられ、そう思っている。伝説の真偽のほどは定かではないにしても、少なくとも意識的には、漢韓同祖、共同の祖先という考えは中国人にとって違和感がないであろう。

チベット文明はインド文明や中華文明と並存する長い歴史があり、あるいはそれ以上に長い歴史文化を有している。ほとんど中国人にとって人跡未踏の地であり、世界の屋根である。それにもかかわらず、五族共和体制に強制編入された。

しかし近現代の韓国史の運命を変えた三つの時代の流れがあった。西力東来、ロシア勢力の南下、そして明治維新である。それによって今まで秘境と思われていた半島は世界史への参加を余儀なくされ、それによって歴史的運命が決められたといえよう。

もし日露の列強勢力が半島に入らず、半島がそのまま清の藩属として続いていたら、韓民族は新生共和制の中国の六族共和に参加した可能性もあったろう。

もし日清戦争に日本が負けたのならば、半島は清の郡県に再編され、そのまま六族共和の体制か、あるいは清によって立憲君主制へと換骨奪胎され、存続し続けただろう。それが歴史の流れというものである。

何しろ、李朝時代、韓民族のイデオローグの中核であった両班儒林は、その小中華志向からわかるように、大中華への思慕は想像以上に強かったから、すぐにでも五族、六族共和に飛びついただろう。

中華民国にしても、大中華の意識としては韓族の六族共和への参上に熱烈歓迎こそあれ、拒否することはありえない。

韓国・半島の歴史運命を変えたのは、日本の開国維新から日清、日露の二回の戦争だけではない。それに続く日韓合邦が韓国の独立国家としての運命を決めた最大の契機であった。

もし日韓合邦がなかったら、韓国ははたして今日も存在しうるだろうか。日清戦争前、朝鮮の管理、指導を任されていた李鴻章の側近、袁世凱に言わせると、当時「朝鮮は万国の最貧国」であった。

もし日韓合邦がなかったら、はたして孫文、蔣介石、毛沢東は「高（麗）台（湾）の独立」を首肯《しゅこう》しただろうか。

蔣介石はカイロ会議に出席し、船上でルーズベルト米大統領に、「高麗の中国返還要求」をしたが、きっぱり断られた。もし日韓合邦という歴史がなかったら、ルーズベルトは蔣の要求を断れただろうか。

日韓合邦ではなく、中韓合邦だったら、今日の韓国はいったいどういう歴史の運命を辿《たど》っていたのだろうか。

韓民族の大中華民族への参加を阻止したのは、日清、日露戦争以後の日韓合邦という歴史の流れであった。韓民族は、日韓合邦によって千年属国の運命から抜け出せた。それだけではなく、「五族共和」や「六族共和」という歴史の荒波にも飲まれることなく、独自の近代化の道を歩めたのである。

歴史はさまざまな出来事の積み重ねによってつくられてはいるが、歴史の運命の分かれ道は、日韓合邦にあった。日韓合邦が半島の近現代の方向を決定づけたのだ。

中国政府は、韓国、琉球だけでなく、北はシベリア、中央アジア、東南アジアに至るまで、一九世紀から帝国主義に奪われた中国の固有領土だと公然と主張している。中国人の固有領土観は、今日に至って、伝統的な天朝の朝貢秩序や王土観のまま脱皮していない。

韓国人がよく唱えている「東洋三国」(日・支・韓の三国)が仮にそのまま一九世紀末

から二〇世紀末まで続いたとしても、今日の韓国は、台湾と同じように「中国の神聖なる不可分の固有領土」とみなされた可能性が高い。

第二次世界大戦後、近代民族、国民国家主義という時代の流れの中にあって、諸民族の統合、同化を目指す大中華民族主義が生まれ、その一方で華化からも和化＝皇民化からも逃れた韓民族は近代民族として生まれ変わった。

そのような近代民族転生の歴史過程をみれば、東アジア史における日本の果たした役割は非常に大きいものであった。

列強はなぜ競って日韓合邦に賛成したのか

「日韓併合」といえば、「日帝三六年」支配の始まりとして悪名高い。

しかしこれは一国が別の一国を強制的に飲み込むような二国間関係だけの「併合」ではなく、万国関係の「合邦」とみるべきである。

なぜなら、多くの列強諸国がこの日韓の合邦国家を承認し、歓迎していたからである。そして、韓国のなかにも、合邦を支持する者が少なくなかった点も重要である。

日本が日清戦争の勝利によって清国の朝鮮への宗主権を排除し、日露戦争でロシアの南下を牽制《けんせい》すると、日韓合邦（併合）の問題が浮上した。

日韓合邦については、当時、日本と韓国の双方とも、政府、民間を問わず、賛否両論の論議が交わされていた。日本国内では、最後の朝鮮統監にして後に初代朝鮮総督となる寺内正毅《まさたけ》などが合邦の推進派であったが、同じく統監経験者の伊藤博文、曾禰《そね》荒助は反対していた。

また、日本の世論の多くは、日韓合邦が百害あって一利なし、とまで極論していた。

一方、韓国では儒林・両班の多くが合邦に反対したものの、一進会をはじめとする合邦推進諸団体は、韓国の混乱と衰微《すいび》を食い止める手段として合邦に希望を抱いていた。

一進会は、韓国の凋落《ちょうらく》の原因が自分たちの反省と自覚の欠如にあるとし、欧州で覇を唱えているドイツ合邦国家のごとく、同文同種の韓日も合邦しアジアの雄邦たらんと主張した。

李完用《りかんよう》（大韓帝国政府首相）ら、「七賊」と罵倒《ばとう》された閣僚たちも合邦に賛成した。李完用は、元親米派で、のちに親露派となり、やがて親日派となった。韓民族が列強時代に生き残るために列強諸国と渡り合うことの必要性を痛感し、苦悩した人物であった。そしてそのために日韓合邦を支持したのである。

日韓双方の賛否両論の中で、伊藤博文の暗殺事件が起こり、これにより合邦論が高揚、日韓合邦のきっかけとなったことは周知のことである。

ここで忘れてはいけないのは、当時はすでに「合邦国家の時代」であった、ということである。

「合邦国家」という近代国民国家の「国のかたち」は、一九世紀以来の世界的潮流であり、樽井藤吉《たるいとうきち》は『大東亜合邦論』を執筆し、これらが日韓合邦に大きな思想的影響を与えた。

二〇世紀に入ると、近世以来ずっとユーラシア大陸を支配してきた世界帝国はほとんどが崩壊した。ロシア帝国も、オスマン・トルコ帝国も、清帝国も、オーストリア・ハンガリー帝国もそうであった。革命の時代とまでいわれる二〇世紀は、革命があればもちろん帝国の解体があり、解体後の新生国家もある。こうした時代の趨勢《すうせい》の中で生まれたのが近代国民国家である。

そして、一九世紀末から二〇世紀初頭にかけての近代国民国家の「国のかたち」をみると、その多くが合邦国家だった。

ドイツやイタリアは諸侯や諸都市国家を結集して一大民族・国民国家となり、あるいは大英帝国は諸民族を結集して、近代国民国家を築いていた。スイスもベルギーもそうである。

いかなる国家も列強志向であった。たしかに小国主義の主張もあった。しかしそれでは列強時代には生きていくことができない。

日韓合邦もそういう時代背景下に生まれた当時のもっとも普遍的な「国のかたち」であった。

今日では、戦後民主主義、あるいは民族史観から歴史を振り返り、それを論じる者があまりにも多い。しかしそれは歴史認識を歪《ゆが》める元凶だ。

実際、当時国際的に利害関係の深かった列強――英、米、独、仏などは、そろって日韓合邦に賛成していたのだ。

英国は一九〇〇年の北清事変後に締結した日英同盟のよしみがあったことで、合邦支持に回った。そしてこの英国の支持は米国の支持へとつながった。米国は日露戦争の講和斡《あっ》旋《せん》も行っており、その後の日英米三国の友好関係から考えれば、日韓合邦の米英の支持は納得できるであろう。

しかし独仏まで日韓合邦に理解を示したのは、なぜだろうか。日清戦争後の三国干渉は、独仏露によるものであった。日本とはかなり利害関係が対立していた国々だ。それでも日韓合邦に同意した背景にはどのようなものがあったのだろう。

日清戦争後、半島をめぐって、両雄相並び立つことができなかったのは日露であった。そのため日露戦争までが起こった。

日露戦争からロシア革命後、世界情勢が大きく変わり、日本をアジアの安定勢力として、日韓合邦によってロシア勢力の南下をあきらめさせたいという欧米列強の願いがあったのだろう。

清の太宗ホンタイジは朝鮮人を「反覆無常」と叱《しか》り、信用していなかった。李朝末になっても、親清、親露、親米、親日と事大主義を取り続け、「夷を以って夷を制する」国策を取り続けたため、相変わらず右顧左眄《うこさべん》、右往左往していた。

そのため、日清、日露戦争の元凶は朝鮮問題にあると指摘した者も多かった。半島は紛争が絶え間なく、東亜のトラブルメーカーと思われてきた。

だから、日露戦争後、西欧諸勢力はアジアから大きく後退したが、日本をアジアに欠かせない安定勢力と捉え、「東洋の永久平和」といわれる東北アジアの永久安定を期待して日韓合邦を支持したのだろう。

じっさい、日韓合邦後になって日米新通商航海条例が調印され、日本の関税自主権が完全に確立した。第三回日英同盟協約も改定され、やっと日本は列強から「自主の国」と認められたのだ。

さらに、日韓合邦にはロシアまでが同意している。日露戦争に敗北した以上、もはや日韓合邦の大勢に抗することができなかったからである。

一方、日韓合邦にもっとも反対しなければならないのは清国であった。伝統的に一〇〇〇年以上の宗主国であり、中華帝国にとって日韓合邦とはとんでもない造反であり、日鮮満一体への道であろう。それでも異議を唱えなかったのは、清はもはや日韓合邦に口を出す力もなかったからだ。それは日韓合邦後の翌年に辛亥革命が起こったことをみれば、一目瞭然だろう。

もちろん、日本もいきなり日韓合邦に踏み切ったわけではない。「東洋の永久平和」のために、半島に対して「不干渉条約」「開化政策」「保護政策」「自治育成政策」「統制政策」さらにタイのような緩衝国としての「中立国政策」も試みたが、これらはことごとく失敗した。残っていたのは、「同君合邦国家」だけだった。

こうして、二〇世紀初頭の時代の潮流と国際情勢の下で、日韓双方の官民が賛否両論に分かれながらも、日本政府が各国へ合邦を打診し、列強を主とする万国が賛成することで日韓合邦は成立したのである。日韓合邦は当時において最適な選択だったといえよう。

韓国は「半万年史」を持っていると自称するが、東亜大陸の歴史からみれば、ほとんど歴史の主役になったことがなく、歴史にその名が出たのは、征服され、属国となったときだけだった。あってもなくても東亜史の波動とはあまり関係のない存在であった。

しかし、この東亜最後の秘境も列強の時代となると、いくら「衛正斥邪《えいせいせきじゃ》」（李朝後期の体制的思想。欧米は人倫を欠いた禽獣《きんじゅう》の地であり「洋夷《ようい》」である。世界で唯一の汚れなき地である朝鮮を守るためには欧米を撃退しなければならないという考え。明治維新後の日本も「倭夷《わい》」として夷狄《いてき》視された）で洋擾《ようじょう》、倭擾《わじょう》に対抗しても、もはや清の属国であり続けることができなかった。それが時代の巨流である。

ことに日清、日露戦争後になると、ポスト日露戦争の東アジア世界には、日本以外の安定勢力はなかった。列強が「東洋の永久平和」を日本に期待し、万国が日韓合邦を支持した理由は、まさしくそこにあった。

日韓合邦は、この時代の流れからみなければならない。

韓国が日本の植民地ではなかったこれだけの証拠

「韓国は日本の植民地ではなく、合邦国家であった」という私の持論は、前代未聞ではないものの、現在の日本政府や学者の中でこのような主張をした者はあまりいない。もちろん反論も少なくない。

戦後、台湾、朝鮮、満州は日本の三大植民地といわれ、誰も否定してこなかった。

そもそも、明治維新から日韓合邦に至るまでの時代は、戦後のような民族解放の思想はまだ流行《はや》ってはいなかった。それどころか、列強先進国では植民地思想はもっとも進歩的思想であり、植民地民を文明開化させることは道義的、倫理的な義務であると考えていた時代であった。植民地に批判的だった矢内原忠雄《やないはらただお》でさえ、植民についてはマイナスイメージを持っていなかった。

そういった時代にもかかわらず、天皇詔書も政府閣僚も帝国議会も、朝鮮を植民地としてみなしていなかったのだ。

なぜなら、世界的には植民地に憲法を施行した例がなかったが、帝国憲法に基づきわざわざ時限立法の「朝鮮に関する法令三〇号」をつくったからだ。日本は憲法を守るために、憲法の精神や規定に基づいて、憲法施行前にこの法令を議決した。これは日本が朝鮮をいわゆる従来型の「植民地」とみなしていなかった証拠である。

たしかに美濃部達吉ら憲法学者や衆議院議員の竹越与三郎のように、憲法を施行するなら早く朝鮮半島から代議士選出すべきだ、それをしないなら憲法違反であるという論議もしばしばあったが、「植民地」という考えはなかった。

植民地とみなさなかったといっても、日本人は朝鮮人を差別したではないかという反論もよく耳にする。

しかし差別があったかどうかは、植民地であったかどうかをはかる基準とはならない。

差別ならば、支那と韓国は人類史上最大の「人種差別」国家であり民族だ。支那では北方中原の人間が南人をずっと差別し続けた。そのことだけで南方が北支那の植民地であるといえるだろうか。

半島でも西北や東北の人間は、ソウルから差別され続けてきたのであるが、それでも北が南の植民地であるということにはならない。

とはいっても日帝三六年の植民地搾取は否定できないという反論もある。

だが、これは大きな誤りである。史実からすれば、日本は植民地搾取どころか、半島の近代化に大量の人的、物的、財的資源を投入したのだ。

たとえば京城帝国大学の図書館予算は、東京帝国大学の一〇倍にものぼった。

また地租にしても、日本国内が二五%であったのに対し、朝鮮はたったの三・八%。

さらに、朝鮮における一九四一年の米価設定については、生産者の手取り価格は一石で五〇円であるのに対し、消費者価格は四三円。差額は政府負担となった逆ざや政策であった。

朝鮮総督府の歳出は、大正八年を除いてずっと一五~二〇%前後の赤字で、中央政府からの財政補塡《ほてん》を受け続けていた。つまり、「朝鮮から植民地搾取をした」というのとは正反対に、日本国民を搾取して朝鮮の民生を支えていたというのが史実であった。

このように、日本列島を搾取して朝鮮半島に大量の資本を投入したというのが史実なのだ。韓国人や反日日本人は真偽を入れ替えてはいけない。倒錯史観で史実を歪曲《わいきょく》するのも慎むべきだ。

それに、もし搾取が植民地のシンボルなら、中国の各省はまさしく北京の植民地だし、朝鮮半島はすべてソウルの植民地になろう。

「日本人がいくら植民地ではないと思っていても、韓国人がそう思えば植民地だったということではないか」という反論もある。足を踏んだ者は踏まれた者の痛みはわからないというわけだ。

しかし「日帝」時代にも、親日派の韓国知識人のなかには、民族解放運動者の「植民地説」を批判した人がいた。すべての韓国人が日本の植民地だと思っていたとはかぎらないのである。

仮に、戦後ほとんどの韓国人が植民地だったと思ったから植民地だというのであれば、それほど主観的な言説はないだろう。だいたい、李承晩《りしょうばん》をはじめとする大多数の韓国人が、朝鮮半島は日本を含むアジア諸文明の発祥の地であったという主観的な主張を繰り返している。日本人のほとんどが韓国人の子孫であるならば、日韓の合邦は植民地などではなく、民族の統一国家としてより理にかなっているはずだ。

終戦後に大日本帝国から独立したが、だからといってこれが植民地であったことを証明するわけではない。独立には支配からの独立だけでなく分離独立もある。戦争による国家の解体や分離独立も、生まれ変わりの「国のかたち」である。アメリカの独立はイギリス植民地からの独立であっても、バングラデシュはパキスタン植民地からの独立ではなく、東西パキスタンの分裂であった。

前述したように、合邦国家というのは近現代国家の「国のかたち」の主流であり、世界的にみても日韓合邦だけではなかった。このような合邦国家が解体、分離したからといって、植民地からの独立を意味するわけではない。ポルトガルがスペインの植民地、ノルウェーがスウェーデンの植民地、ハンガリーがオーストリアの植民地、スロバキアがチェコの植民地、ボスニアやマケドニアがユーゴの植民地といえるのであろうか。分離しないスコットランドはイギリスの植民地であろうか。

日本政府が過去の植民地支配に反省と謝罪をしているのだから、韓国が日本の植民地だったことは疑いようもないと思う人もいるだろう。

政府の公式の見解がすべて正しいのであれば、歴史認識をめぐる史観の対立など起きるはずはなかろう。国定教科書を使い、マスコミも権力によって統制されている中国や韓国は、政府が国民の歴史観を決めることができる。しかし、日本ではそんなことはできないのだ。

いずれにせよ、「日帝三六年」は人類史上類例をみない最悪の植民地支配だと、韓国人はいつもそう主張している。

しかし、ベトナム人もフランス人の植民地支配を同じく人類史上最悪のものであったと非難していた。人類史上最大、しかも類例のない史実を証明するためには、比較植民地学による膨大な史料での証明が必要である。しかしそれはとうてい人間業ではない。

したがって、韓国の日本批判は、せいぜい恨みつらみの罵声《ばせい》や怨声《えんせい》に過ぎない。

それでも日韓は合邦国家ではなく、あくまでも植民地だと言い張るのであれば、納得できる高論卓説が必要だ。

下関条約締結後、日本では清国から永久割譲された台湾の国土開発・経営をめぐって、「台湾を植民地とみなすべきか、内地の延長と考えるべきか」という植民地論争が起こった。最終的には、帝国議会の国会議員選挙施行が争点となった。

しかし朝鮮は、憲法施行をめぐる帝国議会の議員選挙の論争があっても、植民地かどうかをめぐる論争はなかった。それは、合邦国家として、朝鮮を植民地としてみなすことは論外だったからであろう。

たしかに、三浦銕太郎や石橋湛山ら小国主義者は、朝鮮、台湾の自治やすべての植民地と「満蒙」に対する日本の権益放棄を主張し、泉哲、細川嘉六《かろく》らの植民地論者も、台湾、朝鮮の連邦制論や独立論を展開した。このような議論が出るのは、朝鮮半島が植民地であった証拠だという人もいるだろう。

だが、これはあくまで進歩的文化人の進歩的思想であり、論争というレベルのものではなかった。大正デモクラシー以後の日本知識人は社会主義の民族解放運動の影響を受け、植民地解放の諸主張が一世を風靡《ふうび》していた。そうした潮流のなかで出てきた進歩的思想にすぎない。

もしこのような思想まで認めなくてはならないとすれば、戦後の植民地論学者が主張する、北海道、沖縄なども日本の植民地であるとする「内国植民論」や、アジアにおける日本経済の影響力増大を「経済的植民地」「新植民地」とするような空虚な議論にもずっとつきあわなくてはならないことになる。

日韓貿易における「貿易赤字」や日本の「ぼろ儲《もう》け」までも「植民地搾取だ」と非難する韓国人学者の妄言にも対応しなくてはならなくなるだろう。

また、戦後の朝鮮・韓国植民地観で悪逆非道のシンボルとされる皇民化政策も、実際には非難よりも評価すべき点が多かった。それは一視同仁、日鮮一体とみなす国民化運動、同祖、同文、同種の認知運動であったことだ。つまり朝鮮人を「植民地の民」として待遇するのではなく、同じ「国民」として扱うということなのだ。

日本語普及運動や神社参拝運動は、近代国民国家としての国造りにおいて、どの国にも欠かすことのできない国民運動（言語、文学、宗教）と見なされるべきだろう。日本語（国語）普及をはじめとする諸国民運動は、戦時下という異例の状況を度外視しても、華化、イスラム化、フランス化運動と比べて決して過激・過酷とは思わない。

韓国は李朝世宗の代に、せっかくハングルを発明したものの、漢字からの離脱が中国への謀反《むほん》や独立と誤解されるのを恐れて、使わないどころか長く使用を禁止した。もちろん科挙にも使わなかった。ハングルをマスメディアにはじめて登場させたのは、福沢諭吉であった。

現在語られている皇民化政策への非難は、決して正しい歴史認識ではない。

それは時代の変化につれて、植民地思想、植民観が変わったからではなく、日本型植民地と欧米型植民地という植民地認識の相異の問題でもない。

いくら日本の植民地支配を非難し、謝罪を求めたとしても、朝鮮は植民地ではなく、植民地支配もなかったのだ。

もし朝鮮が日本植民地だったとすれば、かつての満州人支配下の中国も満州の植民地、そして現在のチベットも新疆《しんきょう》ウイグルも、まちがいなく朝鮮以上の植民地だと断言すべきだろう。

「日帝三六年ではじめて国の独立が失われた」という嘘

ある北朝鮮系の老学者と朝鮮史について議論したことがあるが、彼は例によってまた、「韓国（朝鮮）」が有史以降初めて独立を失ったのは日帝時代で、その前は「独立国家だった」という持論を持ち出して譲らなかった。

「では、統一新羅以来の歴代王朝が宗主国である中華帝国へ隷属《れいぞく》していた事実はどうなんだ」と切り出したら、「あれ（中国）とこれ（日本）とはまったく違う。やはりずっと主権独立国家であった」とむきになって反論してきたので、周りにいた一同が笑った。

日韓合邦によって韓国の国家主権が奪われたというが、むしろふたつをひとつにして国家主権は拡大し国民主権も強化され、タタールのくびきから逃れたごとく、千余年の半島史上初めて中華帝国のくびきから解放されたのだと私は考えている。

中華帝国との宗主関係にあった朝鮮半島の千余年間は、「主権」や「独立」という近現代的、国際法的概念があったかどうかは別にして、「国」の形をとっていたとはいえ「自主の国」とは言えなかった。

朝鮮半島の知識人が「あれ（中国）とこれ（日本）とは違う」と言い張るのであれば、私はこう尋ねたい。

半島の歴代王朝は、唐以降、事大に間に合わなかった五代の一時期をのぞいて、ずっと「正朔《せいさく》を奉じ」、中国の暦《こよみ》を使い続けていた。それこそ中華帝国による時間支配の象徴だろう。

朝鮮は中国に対する進貢《しんこう》国として、金銀牛馬の特産品から貢女、宦官の進貢物品の明細までを細かく規定し、中国へ膨大な贈り物を続けてきた。

現在では「これは朝貢《ちょうこう》貿易、つまり実利的な貿易活動であって、属国として貢《みつ》ぎ物を捧げたのではない。あげたもの（進貢）よりもむしろもらったもの（恩賜《おんし》）が多かったほどだ」と主張する韓国人もいる。しかしこれは、朝鮮が中華帝国の属国であったことをごまかそうとする言説だ。

専門家の研究によると、清の宮廷から朝鮮政府に対する「恩賜」は、「進貢」のたった一〇分の一にすぎなかったというのが事実である。

また、朝鮮は「礼儀の国」であり、天朝に対して行った朝貢は、ただ「礼儀の国」としての礼であって、「上国と下国」「宗主と属国」の礼ではないという主張もある。

しかし、そもそも「君子の国」「礼儀の国」とは、天朝冊封《さくほう》体制下で、中国が臣属した夷狄に下賜《かし》する誓詞《せいし》であった。現代語で訳すれば、「韓国は中国の属国」という宣誓《せんせい》である。じっさい半島の歴代王朝も、洪翼漢の『尊周彙編』によれば、「列聖相承、世藩職を修め、事大一心」とあり、中華の皇帝に諸侯の礼を尽くしてきたのが史実だ。

中華（天朝）朝廷が朝鮮の国王、王妃、太子の廃立までに権限を持っていたことから考えると、半島の歴代王朝を主権国家であったとするのは無理がある。

天朝の勅使《ちょくし》が来朝するたびに、朝鮮国王は城外まで出迎え、慕華館で太子が酌《しゃく》の礼をするというのが慣例だったが、それは単なる外賓《がいひん》・国賓《こくひん》への厚礼だったのだろうか。反対に朝鮮の朝貢使節は、北京では諸侯の礼さえ得られず、粗末な待遇を受け、百官と同じ宿に宿泊させられていた。

朝鮮歴代王朝は、半島内のすべての出来事をいちいち詳細に書き出し、倭情（日本情勢）まで中華帝国の朝廷に報告する義務を負っていたが、これが属国でなくて何であろう。

半島の国王が皇帝の逆鱗《げきりん》にふれると厳しく処罰され、貨幣鋳造《ちゅうぞう》権まで停止させられた。さらに、半島の反乱平定のおりには、北京朝廷から金銀まで下賜されていた。また、清の朝廷から軍隊召集や朝使に対する賄賂《わいろ》禁止の詔書を下されていた。このような独立国家が世にあっただろうか。

朝鮮と外国との外交は、天朝朝廷からいちいち制限され、報告を同時に義務づけられていた。

朝鮮の国王は、天朝の臣下とみなされ、中国皇帝によって任命された。朝貢は中華帝国の礼部（文部省）によって管轄《かんかつ》され、指揮権は北洋大臣や直隷大臣、あるいは彼らから任命された代理人にあり、朝鮮国王の地位は主権国家の元首と比べるまでもなく低いものだった。いくら「あれとこれとは違う」といっても、李朝時代の臣民は、そうは思っていなかったのだ。

天朝の朝賀の席では千官が赤色の礼服だったのに対し、朝鮮の使臣だけが黒の丸首の衣で、琉球の使臣は駕籠《かご》に乗って入るが、朝鮮の使臣だけは禁止されていたと尹昕《いんきん》の『渓陰《けいいん》漫筆《まんぴつ》』に書かれている。李朝時代の臣民は「琉球以下ではないか」と嘆いたことだろう。「朝鮮」の国号も自分で決められたものではなかった。明の皇帝に下賜され、都も「韓城」ではなく「漢城」と命名された。

李朝時代末期（韓末）、事大派に対抗した開化派が「独立派」と称されるのは、清からの独立を考えたからだろう。

日清戦争の結果、清は宗主権を放棄し、韓国の独立を認めた。それは明文化された史実である。その後朝鮮は「大韓帝国」と改称し、高麗朝建国初期の一時期をのぞいてはじめて独自の年号を使うようになった。

伊藤博文ら、日清・日露戦争の立役者たちもつねに、「朝鮮の独立というものを最初に認めたのは、個人としては自分であり、独立国家としては日本が最初である」と公言していた。

二〇世紀初頭当時、「朝鮮は日本によって清帝国の支配から解放された」という主張に対し、反論しようという者がいただろうか。

すでに統一新羅の時代から、韓国人みずからが事大主義を決め、属国に甘んじてきた。新羅は唐に忠誠を示すために、『礼記』が示している「天子七廟《びょう》、諸侯五廟」の規定に従って、天神を祈るのを避け、五廟だけをつくった。

古礼に従って天神を祈るようになったのはそれから一〇〇〇年あまり後の一八九六年、朝鮮が日清戦争後の下関条約第一条の規定によって日本に解放され独立をはたし、高宗が国王から大韓帝国の帝位に就いてからである。

日本が韓国を独立させたということについて、現在の両国間の歴史認識には天地の差がある。合邦後、朝鮮人は無理やり大日本帝国の国民、皇民、臣民にさせられたといっても、それまで「愚民」と蔑《さげす》まれていたときよりは、近代国民として国際的地位を高めたことも事実だった。

満州の朝鮮人は漢人との地位を逆転させ、中国人を軽蔑し、徹底的にいじめた。これは有史以来、空前のことであった。

満州の中国人は、日本人を「日本鬼子《リーベンクエイツ》」、朝鮮人を「二鬼子《アルクエイツ》」と呼び、日本人以上に満州の朝鮮人を恨んでいた。その結果、万宝山事件（一九三一年七月二日、中国吉林《きつりん》省長春郊外の万宝山で起きた朝鮮移住民と中国農民の衝突）や半島の中国人虐殺といった事件が起こったのだが、今では「満州侵略のために日本人がそそのかした」というでっち上げの理由がまかり通っている。それはとんでもない歴史の歪曲《わいきょく》だ。朝鮮人と中国人の殺し合いが満州事変のひとつの遠因になったことを韓国人はもっと知らなくてはならない。

有史以来、半島に閉じ込められていた朝鮮人が、鴨緑江《おうりょくこう》を越え、満州平野に移住、開発を行えたのは、大日本帝国の恩恵を受けられたからだろう。これは大英帝国の盛期に、スコットランド人がイングランド人と同様に大英帝国の恩恵を享受したことと同じだった。

韓国人は「世界唯一」の国自慢がじつに多い。一〇〇〇回侵略されてもすべて撃退し、外国を侵略したことがない、中国でさえ数回も亡国したのに、韓国は世界のなかで唯一亡国したことがなく、韓民族は独自の文化を守り、同化されなかった……などなど。

誰が聞いても、嘘とホラにしか聞こえないが、韓国人にとってはそれが「正しい歴史認識」なのだろうか。

半島半万年史の中で、統一新羅以来、一〇〇〇年以上中華帝国の正朔を奉じながらも、それでも属国ではないと言い張るのであるが、それは半島にしか通用しない論理だ。それは歴史を直視する勇気のない何よりの証拠であろう。

台湾人と韓国人との自国史について、自国史認識はじつに両極端であるといえる。韓国人は「独立を失ったことは一度もなかった」であるのに対し、台湾人は「有史以来独立を勝ち取ったことがなかった」である。有史以来の外来支配史観が李登輝前総統をはじめとする台湾人の共通認識といっていい。

韓国は、中華帝国の一〇〇〇年の属国という半島の史実を無視して、近現代国家、国民国家時代の次元で主権国家であったと自任しているところが、日韓の国家観についての認識の相異であり、そこが日韓歴史認識問題や歴史観の対立の原点ともなっている。

そもそも一九世紀末に、韓国知識人たちがよく語っていた「東洋三国」(日・支・韓)は、対等なものでも鼎立《ていりつ》のものでもなかった。当時の国際法にあたる万国公法では、韓国は「半主の国」としてでさえ認められていなかったのだ。

だから韓国の「国のかたち」を中華朝貢秩序という前近代的な世界国家、世界帝国時代の属藩としてみるか、あるいは近代国民国家時代の主権国家としてみるかによって、「韓国国家論」が異なってくる。

「日帝三六年」の「七奪」は「七恩」だった

戦後の韓国人は、ずっと国王、主権、生命、土地、資源、国語、生命を「日帝」に奪われたと言い張り、それを「七奪」とし、今でもしつこく恨みつらみをぶつぶつと繰り返している。それはいわゆる「恨《ハン》の国」の姿だろうか。

しかし「七奪」のどのひとつを冷静かつ客観的に調べても、史実ではない。よりグローバルな視点からみれば、この「七奪」はむしろ「七恩」である、と私は考えている。

まず、国王を奪われたという歴史認識は正しくない。近現代の市民革命であるフランス大革命や社会主義革命であるロシア革命における皇室一族の悲劇的な運命を知っているのだろうか。

半島は有史以来、王朝の易姓だけでなく、政権交代でさえ内紛が絶えなかった。あたかも歴史法則のように、決まって国王は毒殺され、一族は誅殺《ちゅうさつ》された。このような歴史背景があるのに、李王朝が二〇世紀の革命時代の荒波を避けられたとでも思っているのだろうか。

反日、抗日運動を含め、近現代の半島の民族、社会、政治諸運動のなかで、光復会をのないか。

ぞいて、国王復辟《ふくへき》運動があっただろうか。上海《シャンハイ》臨時政府の時代であろうと、戦後の南北新国家の樹立から今日に至っても、韓国人は国王についてほとんど念頭になかったのではないか。

「天に二日なく、地に二王なし」というが、これまでいかなる合邦国家であろうと、二人の国家元首制はなかった。合邦後の李王室の華族、重臣の叙爵という待遇をみれば、国王を奪ったということは史実ではない。

韓国の国家主権が日帝に奪われたというのも歴史の捏造《ねつぞう》だ。前述したように、李朝時代は清朝廷臣の管轄下にあり、韓国は国家主権を持っていなかった。一九世紀の万国公法では、韓国は半主の国にさえなっていなかった。そもそも国家主権さえ持たなかったのに、主権を奪われたなどとはたして言えるのだろうか。

日韓合邦によって、韓国は清国の郡県編入の体制から逃れ、大日本帝国とともに、国家主権は国際的地位の向上によって逆に拡大したのだ。

土地を奪った、資源を奪ったという非難は、捏造と幻想に満ちあふれ、創作に近い。土地の価値というのは生産価値や交換価値しかなく、領土でさえ人類史上特定の民族に所属されるものではありえなかった。それが歴史的現実である。

日韓合邦後、農地の改良、農制の確立によって、生産性はかつてないほど高まった。

さらに土地利用が伝統的農地の拡大や新田開拓を超え、近代産業と社会諸施設、近代都市建設によって利用価値をさらに大きく高めたのだ。

地下資源であろうと地上資源であろうと、また、物質的、精神的、あるいは顕在的、潜在的資源、いかなる意味での資源であろうと、開発や採掘によってはじめてその利用価値が高められる。半島の地下資源の採掘は、日本からの大きな資本投資と技術開発によってはじめて資源の利用価値が高められた。しかも開発事業は軒並み赤字経営にもかかわらず続けられ、半島の生活を豊かなものに変えた。

「日帝」は人的、物的、財的などあらゆる意味での資源開発によって半島の近代化を推し進め、生活を李朝以上に豊かにしたのは史実である。

土地強奪は李朝両班が繰り返し行ってきたことである。「日帝の土地強奪」というのは両班の行為をすり替えたものではないだろうか。

統一新羅王朝以後の歴代王朝から今日まで、宮廷の内紛や滅族、朋党《ほうとう》の争い、朝鮮戦争の殺し合いなどによって、いったいどのぐらいの人命が奪われただろうか。人為的でなくても飢餓や疫病によってどれほど人命が失われたか。

それに比べて「日帝三六年」は、人命を奪ったどころか、逆に人口を倍増させた。一九〇六年にたった九八〇万人しかなかった人口が、三〇年後の一九三八年には二四〇〇万人に急増しているのだ。日本による近代法治国家の確立によって、李朝時代とは異なり、半島の人間の生命財産が守られたのである。

国語と姓名を奪われたというのも歴史の捏造であった。李朝の世宗の時代には、すでにハングルが発明されていたものの、じっさいは両班に反対され、実用には至らなかった。中国の古典ばかりに夢中の両班は、ハングルを蔑視、厳禁にしたのだ。漢字混じりのハングル文章体系をつくったのは日本時代である。

加えて、終戦時に日本語の表現や読解力を持つ韓国人は二〇%にも満たなかったが、それも韓国語を奪わなかったという逆説的な証拠だろう。

中国からの賜姓後、朝鮮人の伝統的な姓名はどこかへ消えてしまった。国民の半数にもおよぶ戸籍さえ許されていなかった奴婢《ぬひ》が、姓氏を得たのは日帝時代になってからである。自己申告による創氏改名というのは、朝鮮半島の人々に与えられた特権だったのだ。

だから「七奪」は「七恩」にほかならない。

「反日克日」「日本への反省要求」「歴史の立て直し」のために、最近、韓国知識人はしきりに「明成皇后」・閔妃《びんひ》、高宗、大院君《たいいんくん》を美化するが、それはどちらかというと歴史の倒錯史観である。過去の韓国人は、この三人は国家を私物化し、韓国の民衆に塗炭《とたん》の苦しみを舐《な》めさせた国権乱用、国政紊乱《びんらん》、国家崩壊の張本人であったと糾弾していた。梁啓超は

「高宗、大院君二人は亡国の元凶であった」とまで言っている。

　このような現代韓国知識人の歴史捏造、歪曲こそ、歴史を直視する勇気の欠如と日韓誤解の元凶だろう。韓国人学者によくみられるように、自分たちの歴史観と相容れない発言を「妄言」と封じ込める独断偏見と倒錯史観こそ、日韓反目の根本原因だ。そのうえ、日本人の曖昧《あいまい》で長いものに巻かれろ的な態度が、韓国人の歴史捏造を助長する。

　そもそも中国、韓国とも、歴史そのものが政治であるといえる。史実よりも史論が先行しているのだ。

　歴代王朝の修史事業のように、つねに現王朝が前王朝の歴史を書くのが常識。そういう伝統的風土から生まれたのが中華の史学である。歴史とはあくまで現王朝の正統性を主張するためのもので、政治的都合によって現在を美化し、過去を批判するのが歴史記述の方法となっている。

　史実よりも史論が先行するのは、儒家思想における「勧善懲悪《かんぜんちょうあく》」の風土から生まれたものだ。「春秋の大義」に基づいた「春秋の筆法」に影響を受け、韓国人の独善的自己中心、自国中心の考え方が生まれたのである。

　侵略史観、搾取史観、弾圧史観、不幸史観、被害者史観、奴隷化史観からしか「日帝三六年」を語らないから、「七奪史観」が生まれたのだ。

「日帝三六年」は、ただただ「差別」「搾取」「弾圧」「迫害」「虐殺」「抑圧」だけだったのか。半島の歴代王朝や戦後に比べ、どちらのほうが深刻なのか。李朝時代の農民の悲劇、「切骨の病」（悲惨な農民生活）に触れずに、日帝の収奪、略奪ばかり声高に言い立てられるのか。

なんでもかんでも日帝によって奪われたという倒錯した目で「日帝三六年」をみるだけでは、正しい歴史認識はできない。

「三六年間の日本の朝鮮支配は、韓国民にとって有益であった」という一九五三年の久保田発言は、よく妄言であると指摘されるが、良識を持つ人なら誰が聞いてもそのとおりである。真実を語ってどうして妄言となろうか。

日本人は韓国人に、少なくとも良心と良識に基づいて「日帝」についての正しい歴史認識を求めるべきだ。

もし日韓合邦がなかったら、今日の半島の繁栄はなかった

韓国・朝鮮は悠久なる歴史を持つ国家である。歴史が古いゆえに、いくら運動、改革、維新、革命をやっても、自力では絶対に達成できない、あるいは数世代だけでは棄てきれ

ない陋習《ろうしゅう》がある。

中国はなぜアヘン戦争後、洋務運動をはじめあらゆる手を使い果たしながら、一〇〇年以上経ってなお、「破四旧」（古い文化、思想、風俗、習慣の打破）を叫び、文化大革命まで断行せざるをえなかったのか。そこから東アジアの近現代史を考えなければならない。

もし、日韓合邦がなかったら、インドにも似た牢固《ろうこ》たる身分差別、公私奴婢の階級制度を廃止することはできなかっただろう。「日帝」による奴婢の解放は、リンカーンの奴隷解放以上の空前な大改革だった。

甲申《こうしん》改革（一八八四年、守旧派政権に対するクーデターによって開化派が奪権を企図した政変）が失敗した後、万民平等の近代国民国家として奴婢にも姓氏を与える近代的戸籍制度は、合邦によってはじめて可能になったのだ。

李朝時代に実学がなかったわけではない。しかし支那人かぶれの両班は、韓国の伝統文化を蔑んだ。もし「日帝」の存在がなければ、尚古《しょうこ》主義的な虚学の根を絶ち、実学を基礎とする近代の自然、社会科学を韓国に普及できなかったであろう。

統一新羅以来、三韓・三国時代以来の半島は、政治的・社会的諸矛盾が宮中や朝廷にうずまき、内訌《ないこう》と殺し合いの歴史だった。李朝に入ると、朋党の争いは全国・地方規模に拡大した。

しかし「日帝三六年」の間に朋党は政権の中枢からすっかり消え、政権は史上もっとも安定した。朋党の争いは、せいぜい各民族運動集団のコップの中の嵐にとどまった。

李朝時代に地方民の一六歳以上の男子に身分証携帯を義務づけた法令「号牌法（公民証）」が廃止され、移住禁止令も解かれた。女子再婚の禁令も解禁され、自由が保障された。

また、半島は王朝・時代が変わるたびに、前代の文化を徹底的に破壊しつくしていた。李朝になると、尊儒崇文によって、高麗朝の仏教が徹底的に破壊された。白磁の代わりに青磁までが消えたのがその象徴といえよう。

もし日帝がなかったならば、破壊された古典の再刊、伝統文化の再興がはたしてできたであろうか。

もし日帝が近代司法制度を確立しなければ、李朝以来の五家作統法（五戸が相互を監視する法律）、一族関係者全員誅殺の連座法、全家徒辺法（一族の流刑）、伝統的に非人道的な圧膝法《あっしつ》（脚関節責めの刑）、周牢《しゅうろう》（骨の脱臼《だっきゅう》、屈折・圧断）、乱杖（ムチ打ちの刑）といった諸悪法を廃止できただろうか。

李朝末期の税制、財政の紊乱、経済の再建は可能だっただろうか。そして中華帝国の千年属国からの解放は可能だったろうか。

牢固たる小中華の伝統からすれば、韓国の自力改革は不可能である。それは、洋擾（西力東来）に対する「衛正斥邪」からの一連の運動・改革の失敗によって、すでに実証されている。徹底的な社会改革は朝鮮総督府初期のような「武断政治」があってこそできたのである。「武断政治」こそ韓国の近代化になくてはならない「開発独裁」であった。

さらに、大日本帝国がなかったら、「文明の改宗」のみならず、多くの国造り事業も自力でできなかっただろう。

半島史上空前の全国土改造計画は、大日本帝国の強力な国家意志によってはじめて断行されたものである。半島に投入した資本と技術は、半万年の歴史を持つ半島の民力をはるかに超えるものだった。

「日帝三六年」が産業の近代化、民族資本の発展を阻止したなどという韓国人の主張は、具体的に論証できない空論である。

文化、社会、経済的条件において半島をはるかに上回っていたかつての宗主国・中国でさえ、アヘン戦争から百数十年間は改革、運動、革命を繰り返してきた。それでも近代化は達成できなかったのに、韓国が「日帝三六年」なしに、自力で行えただろうか。

半島の山河崩壊を阻止し、治山治水によって半島の自然を更生できたのも、「日帝」なしでは考えられない。

農業依存の社会を質的に転換させ、近代社会の基礎を打ち立てたのも日本があってこそできたことである。

儒教倫理の強い影響を受けている韓国人学者は、昔もそうであったように今でも相変わらず歴史を倫理・勧善懲悪でしか語らない。だから「温故知新」さえできなかった。要するに尚古史観でしか歴史をみないのだ。

だからあれほど「衛正斥邪」、「斥夷斥倭」で反洋反倭に荒れ狂っていたのに、結局日本の開国維新によって敷かれた軌道の上に乗ったまま李朝の伝統的諸制度を否定して、近代国民国家をつくったのではないだろうか。

国家も民族も、出逢《であ》いによってその運命が決められる。韓民族はそれまでも、漢人、契丹人、女真人、モンゴル人、羅禅（ロシア人）など数多くの民族と出逢ってきた。多くの恩恵を受けた中華帝国に対しては「父」とまで尊崇していた。

しかし何より幸運だったのは、日本と出逢ったことである。一九世紀の日本人は、東アジア諸民族の中で、もっとも合理的にして進取の精神に富んでおり、たとえそれが不本意であろうと、韓民族は日本とともに「文明の改宗」の道連れとなり、半島の生態系、文明の体系までを変えられたからだ。大日本帝国の遺産をいくら否定しようとも、韓民族は「尊儒崇文」という価値観を変えられたことにだけでも日帝に感謝しなければならない。

尚古主義の儒教は過去しかなく、現在も未来もない。そこからの解放によって韓国の近代化への道、少なくともその可能性が開かれたのだ。

一〇〇〇回も侵略されてすべて撃退したという韓国史は本当か？

台湾史には英雄といえるものは一人もいない。いたとしても草莽《そうもう》の乱賊ばかりだ。島のどこへ行っても、台湾人の銅像は、私的なものは別として、公的なものは一体もなかった。あったのは、一平方キロごとに置かれた蔣介石像をはじめ、孫文など大陸の人物の銅像ばかりだった。

しかし韓国史はまったく違う。戦後に打ち出された自国史では、あたかもこの半島は英雄だらけのところのような記述のオンパレード。銅像にしても李舜臣《りしゅんしん》、安重根《あんじゅうこん》など、男も女も、反日英雄の銅像が建てられた。こんなに英雄が多い国とは、うらやましいかぎりだ。

一〇〇〇回侵略されても、すべて撃退したというのが韓国人の自慢だ。しかし、ハングルで書かれた、つまり戦後の韓国人による韓国史にはそのような話が満載だが、漢文で書かれた半島史、つまり歴代王朝の歴史書や中国の歴史書には、外敵を撃退した話はめったに出てこない。

高句麗が強盛だった時代には、隋・唐の遠征軍を撃退していたことは事実だ。しかし中国は高句麗も渤海《ぼっかい》も中国の一地方政権であったと主張し、韓国史としては認めていなかった。

では、統一新羅以後の韓国史ではどうであろうか。

高句麗が唐軍に滅ぼされた後、朝鮮民族は唐軍を半島から追い出せただろうか。半島に侵入した蒙古《もうこ》軍は撃退されたのだろうか。丙子胡乱といわれる満蒙八旗軍は撃退されたのであろうか。「壬辰倭乱《じんしんわらん》」（秀吉の朝鮮出兵）では明軍の救援なしで李朝は保てたであろうか。

「光復」といわれる「日帝三六年」の終結は、韓国人が自力で達成したものなのであろうか。

史実は戦後編纂《へんさん》された自画自賛の韓国史とはあまりにも違う。

新羅、高麗、李朝朝鮮の正史実録など、古典に記載されている半島史をみるかぎり、外族の侵入があるたびに、韓国軍はたいてい総崩れとなって逃げ惑い、城を棄てて泣き喚くばかりだった。

地方の官史は競って土地を献上し、侵略軍に阿諛《あゆ》迎合するのみであった。

必ずといっていいほど、民衆が侵入軍の先導役となり、あるいは韓国軍が一変して侵入軍の前衛となり、先頭に立って他の韓国軍に逆襲するので、半島はたちまち韓国人が自国人を叩く戦場となった。

都落ちする国王に民衆が石を投げかけ、逃げ隠れた王子を敵軍に差し出し、民衆は侵入軍に従軍し、あるいは侵入軍とともに城攻めに協力した。「韓奸《かんかん》」や「売国奴」と呼ばれる者が敵軍に協力し、あるいは誘導するのがつねだった。

現在、ほとんどの韓国観光案内書には、景福宮や昌慶宮などの焼失は「壬辰倭乱の兵」によるものだと書かれている。しかし、それは嘘だ。

李恒福《りこうふく》の『白沙集』と李廷馥《りていふく》の『旧留斉集』によれば、秀吉軍のソウル入城前に、すでに灰燼《かいじん》となっていた。

それは民衆が、兵乱と聞けばすぐに蜂起して宮廷や官邸を襲い、略奪したからだ。ことに奴婢は身分台帳を保管していた掌隷院に火を放ち、解放を求めた。秀吉軍は、虐げられた朝鮮民衆の解放軍として迎え入れられたのだ。

だから『宣祖実録』(二五年五月の条)には、「人心怨叛し、倭と同心」と認め、宣祖が「賊兵の数、半ばは我国人というが、然《しか》るか」と臣下にたずねたことが記されている。おびただしい朝鮮民衆が、倭軍に従軍したのは史実である。平壌の役で、明軍が斬った

「首級半ば皆朝鮮の民」という風聞は事実であった。金誠一の『鶴峯集』には、「倭奴幾ばくもなし、半ばは叛民、極めて寒心すべし」と嘆いていた。秀吉軍の半数が、じつは朝鮮民衆であったというのだ。外寇があるたびに民衆が蜂起して迎え入れるのは、中韓歴史の共通現象である。

以上のような、どの時代にも見られた韓国人の敵軍迎合という史実を語らずに、半島の正しい歴史認識ができるだろうか。

また、韓国人は「侵略されたことはあっても、侵略したことはなかった」と胸を張るが、それも真っ赤な嘘だ。

高麗朝における尹瓘《いんかん》の女真征伐は、戦後の韓国史書にも自画自賛とともに描かれているではないか。

蒙古・元軍の二回にわたる日本遠征（元寇）に参加したことや、清軍と共同で五回にわたる征明と羅禅遠征などは、「征伐」であるから、あるいは強制された不本意な参戦だから侵略ではないと言うのであろうか。

満蒙八旗軍からの逆襲の前に、オロチョン、兀良哈《ウリヤンハイ》を征伐したり、明軍と後金国を征伐するのは侵略ではないのだろうか。

新羅時代に日本の九州沿海を新羅人が荒し回り、李朝の時代にも「応永《おうえい》の外寇」といわれる日本への侵入があった。

韓国人は豊臣秀吉が行った「朝鮮征伐」という字句について、「征伐」とは何事だ、自分たちは日本に征伐される筋合いはなく、この表現は不当だと糾弾する一方、韓国では元寇を「東征」や「日本征伐」と表記している。これは、あまりにも自己本位ではないだろうか。

フビライハンの「日本征伐」は、文永《ぶんえい》の役も弘安《こうあん》の役も高麗の忠烈王に勧められたもので、実質的には高麗軍の日本侵略であった。

高麗軍は壱岐《いき》・対馬《つしま》を急襲して、島民を虐殺し、二〇〇人の童男童女を強制連行して、忠烈王と公主に献じたのはよく知られている。倭寇も「壬辰倭乱」も、元寇の襲来に対する逆襲ではないだろうか。

一〇〇〇回におよぶ半島侵略は倭寇が半数以上、あるいは八割といわれる。しかし、倭寇は倭人だけでなく、支那人や朝鮮人が多数含まれていた。

後期倭寇はほとんどが支那人であったように、韓国を侵略した大半の倭寇は日本人よりも高麗人であった。いわゆる「仮倭」である。『世宗実録』の世宗二八年（一四四六）一〇日の項には、判中枢院事の李順蒙によれば、倭寇の中、「倭人一二に過ぎず」、それ以外はほとんどが倭服を仮着して党をなす高麗人であった、とある。

「ベトコン（南ベトナム解放民族戦線）」叩きのベトナム遠征は、韓国人にとってはじめての海外出兵であったとよく自画自賛しているが、あれも侵略でなくていったい何なのであろうか。

以上のように、一〇〇〇回侵略を受け、それをすべて撃退した、また外国に侵略したことがないというお国自慢は、ただ韓国民に自信を与え、反日克日するために愛用される作り話であり、史実とはまったく関係のない一人歩きの虚言である。

それなのに、これを「正しい歴史認識」として、日本人に押しつけてくるところこそ韓国知識人の虚妄なのである。

それでも韓国は他律史観と事大主義を否定し続けるのか

韓国人学者には、「朝鮮半島の命運はつねに他の大国によって左右されてきた」という他律史観に基づく韓国史に否定的、批判的な者が多い。もちろん他律史観は、事大主義の歴史的帰結ともいえる。いくらチュチェ（主体）思想を鼓吹しても、韓国人はその事大主義の伝統を克服できなかった。

歴史的にみると、半島の統一国家としての歴史の始まりである統一新羅王朝は、唐軍の支援なしにできたものではない。だから唐の滅亡とともに、高麗朝へと代わり、元の滅亡とともに高麗朝も滅びた。半島の歴代王朝の興亡は、歴代の宗主国である中華帝国の興亡と連動せざるをえなかった。

どう考えても、「壬辰倭乱」では明の一〇万人という大軍の救援なしに王朝の敗亡から逃れることはできなかった。

清が強大になると、李朝朝鮮は宗主国を明から清へと乗り換えなければならなかった。

韓国がいくらこうした事大主義を否定しても、じっさいに宗主国の勅使を迎える慕華館と迎恩門という施設があったことをみれば、否定できるものではない。

第二次大戦後、朝鮮半島の分断独立においても、それぞれ米ソに頼らざるをえなかったのは、まさしく他律性の証明にほかならない。

韓国が金融崩壊後の経済再建に、自力ではなくＩＭＦ、日本などの支援を受けなければならなかったのもそうである。

半島の運命がほとんど外力によって決められていたという事実のみならず、半島の文化、政治、歴史が、世界史、東アジア史の大勢を決定したり、あるいは大きな影響を与えたことがなかったという史実から考えても、他律史観のどこが間違っているというのだろうか。

戦後、北は南を米帝国の植民地だと言い続け、南は北をソ連の傀儡《かいらい》と非難し続けてきた。

互いにその国家としての他律性、チュチェに欠けることを指摘し続けている。日本学者の他律史観を一方的に非難しながら、もう一方では有史以来の事大主義を放棄する兆《きざ》しもないのだ。

もちろん事大主義、自律性と主体性の欠如は、史実ばかりか文化生活の面や政治、経済、社会に至るまでの、あらゆるところで表れている。

たとえば、韓国の国家としてのシンボルであるあの太極旗《たいきょくき》はどうだろうか。太極図も八掛《はっけ》も、古代中国の易経《えききょう》から来ている。「本当は韓国が中国へ伝えたのだ」という手前みその説もあるが、なんの証拠もない。これは、半島開国後の訪日の船上で、かりそめに急造されたものであった。八掛は紋様としては繁雑過ぎるので、イギリス人船長に八掛の線を減らされたものだった。韓国人によると、日章旗はただただ「侵略」のシンボルであると言うが、逆に韓国人以外の人々からすると、大極旗は単なる占い師のしるしに過ぎない。

また、あれほど祖先を大事にする国なのに、支那の姓を名乗り、支那人以上に支那らしい名前をつけている。統一新羅朝の時代に宗主国の唐から賜姓されて以来、両班貴族は三韓や三国時代の「乙支文徳《ウルチムンドク》」や「淵蓋蘇文《ヨンゲソン》」のような祖先の姓氏を捨て、「李舜臣」「金日成」「金大中」のように漢姓を名乗った。韓国や朝鮮の『人名辞典』をみても、支那人とまったく区別がつかないような名前ばかりだ。

言語まで日帝に奪われたとうそぶいているが、今の韓語の中で、漢語からの転用語と日本語からの新造語を除いたら、アルタイ語族先祖伝来の韓語はいったいどのぐらい残っているのだろうか。二〇%とも言われているが、私はそこまでもいかないだろうと考えている。

日本に朱子学を教えたと韓国人がいつも自慢する、李朝の代表的儒者・李退渓《りたいけい》（一五〇一～七〇）らの朱子学者は、ただ朱熹《しゅき》の朱子学を祖述しただけのものだった。そもそも朱子も独自の学は何もつくってはいない。ただ孔孟の儒学を宋代の理気学の論争から拾い集め、仏教哲学の用語で、孔孟の学に註釈《ちゅうしゃく》をつけたに過ぎない。それは何の創造性もない、ヒマ人の道楽のための虚学に過ぎない。

孔孟が嚙《か》んで吐き捨てた無味乾燥なガムを、朱子が拾い上げ、口に含んだ後にまた吐き捨て、それを李退渓らが再び拾い上げ、嚙みながら美味《おい》しいと自慢するようなものだろう。

秀吉の朝鮮出兵のさいに日本海軍を撃退した李舜臣は、半島不世出の大英雄と持ち上げられるが、彼は単に侵入してきた「倭軍」を撃退しただけだ。いったい李舜臣は東亜史で何を動かし、何を創出したというのであろうか。せいぜい半島の反日、抗日、克日の英雄に過ぎない。はたして、世界を舞台に世の流れや時の流れを左右し、決定づけた人物が半島にいたのだろうか。

韓国は「武」ではなくて「文」の国だという。ならば、世界史でなくとも、東亜史だけでも、韓国（半島）以外の世界に影響を与えた大思想家や大学者を一人でも生み出したことがあるのだろうか。ぜひその偉名を聞きたいものだ。

日本に「三字経」「千字文」を持ち込んで漢字を伝えた王仁《わに》博士をはじめ、韓国人が自慢している文化は、結局、漢文化ではないのか。礼儀、音楽、法律、制度、衣冠、文物、人倫まで、すべて中華文化を範とするものであり、独自のものではない。

韓国人は有史以来、伝統文化を守るというよりも、次から次へと棄てていく傾向があった。守るのは半島の伝統文化ではなく、宋時烈《そうじれつ》などのように、大中華を守る小中華として、実質的に韓文化を棄て、「大国人」の漢文化を守ることだけに固執した。

半万年にわたる韓国人の創造物、三〇〇〇里江山の文物を総動員しても、あるいは「栄光ある祖国の歴史」を総展示しても、人類の思想を左右し、世界人類の生活文化に貢献した大発明があっただろうか。

「二一世紀は韓国人の時代」と確信し、うぬぼれるが、東亜史だけに限定しても、「韓国人の時代」といわれる歴史がはたしてあったのだろうか。

いかなる視点からみても、半島の歴史はつねに陸からも海からも動かされ、他国と連動しながら他律的に動かされてきた。韓国人は、事大するために右顧左眄を繰り返し、右往左往してきたことは疑いない。いくら「チュチェ」を主張していても、いつも口だけに止まり、本質的には変わりがない。

李朝の太宗に対しても、「事大之礼不可不謹」(『太宗実録』巻一五・八年三月戊午条)──上国に仕えるには、慎まなければならない──と厳重に注意しているほどだ。これで他律史観のどこがおかしいというのか。

国自慢はどこの国にもある。嘘つきもホラ吹きも、外国にとってはすべてが実害をおよぼすとはかぎらない。自国民の国史教育には、国自慢をいくら教えてもかまわないだろう。しかし都合のいい嘘を正しい歴史認識として相手かまわず押しつけることは、トラブルのもととなる。

「強制連行」と「従軍慰安婦」を捏造した韓国の歴史背景

中国は「南京大虐殺」について今でも執拗に日本を非難し続けるが、これはすでにさまざまな学者が論証しているように、三〇万人も殺害されているというのになんの客観的な証拠も存在せず、でっちあげであることは今や明々白々である。

では、なぜ中国人は「南京大虐殺」をでっちあげたのか。それは、反日運動を愛国運動のテコとして民力を結集させるためだ。そもそも「大虐殺」は中国有史以来の年中行事で、戦争が起こるたびに西安大虐殺、洛陽、開封、揚州……大虐殺が繰り返されてきた。つまり「大虐殺」は中国伝統文化として常識になっており、日本軍の悪逆非道ぶりを宣伝するためには、それ以上に説得力のあるものがなかったのだ。

同様に、韓国人が非難する「強制連行」や「従軍慰安婦」も、半島を含む東アジア大陸の伝統文化であり、韓国人の反日・克日感情をテコとして民力を結集させやすいという理由から、でっちあげられたのだろう。

私の強制連行に対する疑問は、大戦中に激しい試験競争を勝ち抜いて念願の日本へ渡った台湾少年工を、戦後、日本と韓国双方の世論が強制連行だったと決めつけ、歴史捏造したことから始まっている。

現在の「在日」（朝鮮・韓国人）は、強制連行されて日本に残った者とその二世、三世がほとんどであると、彼ら自身が主張している。また、日本人に土地を奪われたから食えなくなり、半島から満州や列島へ流出せざるをえなかったと言う者もいる。

しかし、当時の日本政府は、釜山港をはじめ諸港湾に半島からの日本渡航者を制限するように命じ、朝鮮総督府にまで対策を要求している。強制連行が必要なほど日本国内の労働力が不足していたのなら、このような措置を取るはずがない。

半島では、高句麗の滅亡だけでなく、百済《くだら》の滅亡時にも、唐軍に多くの遺民を連行された。モンゴル軍の強制連行もあったし、丙子胡乱では五〇～六〇万人、さらに韓国史書によれば、人口の半数以上も満蒙軍に北方へ強制連行されたと書かれている。戦争に負ければ、奴婢《ぬひ》となる。強制連行は避けられないのが大陸の文化である。

朝鮮戦争時、北朝鮮へ強制連行された人はいったいどのくらいの数にのぼるのであろう。金大中大統領も、かつて東京でＫＣＩＡによって白昼堂々拉致《らち》され、韓国まで強制連行された。北朝鮮による日本人拉致疑惑も現在政治問題となっている。

このように、強制連行は有史以来、時代が変動するたびに半島で繰り返された歴史現象であり、それればかりか、東亜全域でどの時代にもみられたことである。東亜大陸の伝統文化のひとつともいえる。

東アジア大陸の人さらい文化が、「日本政府の強制連行」という嘘の土台となっているのだろう。強制連行が韓国の伝統文化であるということについては、戦後に、朝鮮半島のみが強制連行の舞台となっているという一事からだけでも連想できる。

この日本による強制連行という嘘が風化しないように、新たに編み出されたのが「従軍慰安婦の強制連行」という新たな嘘だろう。そして従軍慰安婦問題の運動推進のために、「人類史上類例をみない暴挙」とか「世界軍事史上類例を見ない非道」という激烈な形容詞で非難している。

しかし、戦前、朝鮮人が台湾の町々までに売春宿を経営していたのはよく知られていることだ。戦後の残留朝鮮人の人口統計では、男性よりも若い女性が多かったことがそれを物語っている。近年まで、韓国はアジア最大の管理売春国家のひとつとして有名だった。「人類史上類例をみない暴挙」という非難は、ただの無知か、あるいは知らぬ顔の半兵衛かのどちらかであろう。はるか三〇〇〇年前、孔子がもっとも尊敬する斉《せい》の名相管仲《かんちゅう》は国家管理売春制度を制定し、「徳政」であると謳《うた》われた。以後、軍妓、官妓の歴史はすでに三〇〇〇年の歴史を有している。後梁《こうりょう》王朝の皇太子までが軍妓の出だったことがあったくらいだ。世界軍事史上類例をみないというのは、明らかに歴史捏造の魂胆が透けてみえる。

半島の歴代王朝政府が宗主国朝廷へ貢女と宦官を献上した歴史はすでに一〇〇〇年以上にもわたる。場合によっては全国に結婚禁止令までを布き、王宮で貢女を選んで、宗主国に献上し続けてきた。

高麗朝では、わざわざ政府は「結婚別監」という役所までつくり、婦女一人につき、絹一二匹でモンゴル軍に売った。

これら政府による宗主国への宮廷慰安婦問題や、宗主国軍隊への公然とした人身売買などと、一〇〇〇年にわたる自国の従軍慰安婦問題を追及せずに、あったかなかったかさえはっきりしない日本軍従軍慰安婦問題ばかりをなぜ追及するのであろうか。

朴正熙《ぼくせいき》大統領以来続いてきた「売春立国」の現実を一顧だにせずに、なぜ過去の日本軍従軍慰安婦問題に夢中にならざるをえないのか。

金泳三大統領は、なぜ二人の大統領を事後法で裁き、牢屋《ろうや》へと送り、金融崩壊が起こってもなお、「従軍慰安婦」を問題にしなければならなかったのか。

一国の大統領ともあろう者が、さらに重大な死活問題である、経済、政治といった「経国の大事」からわざわざ目をそらして、すでに過去の問題に精魂を傾けるということ自体、正常とは言えないことは一目瞭然である。

金大中大統領は、九八年の訪日前に国内紙で、今度こそ俺が日本政府へ徹底的に「慰安婦問題」を謝らせてやると豪語しながら、なぜじっさいには一言も触れなかったのだろうか。

韓国は「従軍慰安婦問題」を韓国人の反日・克日のテコとして民力を結集し、日本へゆすりたかりを続け、その結果、この問題はアジア以外の地域までに飛び火した。しかも前述のような懐疑派が取り上げた疑問点はほとんど無視し、その問いに答えることもできずに反日日本人と呼応して独走している。

従軍慰安婦史は、韓国の文化風俗史の自画像である。韓国史にとっては欠かせない一部であろうが、日本史には関係なく、さらには日本の歴史教科書でも取り上げるべき問題ではない。

韓国人は、江戸時代の遊廓《ゆうかく》、遊女の性風俗を、卑猥《ひわい》な文化、禽獣《きんじゅう》の文化とみなしていた。しかしそれは、儒教倫理によるとんでもない見当違いの価値尺度から眺めた日本の大衆文化理解である。

日本の遊女は、韓国妓生《キーセン》のような階級性がなく、庶民文化のひとつであるのに対し、韓国の妓生文化は両班の専用専属とされ、婢女は性奴隷にも等しく、牛馬、禽獣以下で売買されていた。

日本の遊廓は庶民に属するものであるのに対し、韓国では宗主国に進貢する貢女、支那使臣専用の女妓、官吏専属の官妓、李朝時代の軍妓（従軍慰安婦）、辺妓、辺娼（辺境駐屯従軍慰安婦）など、すべて朝鮮政府官営のものであった。

儒教倫理に歪められた両班の欲望と道徳の乖離《かいり》によって性風俗が乱れ、『牧民心書』や『大野野乖』に記載されている「松窩雑記」によれば、李朝時代の淫風は盛んになり、酔えるがごとく狂うがごとし。どうみても日本に対して、とても『過去の清算』を要求できるものではない。

同質の問題でありながら、自国の過去と現在の問題は直視・反省もできないくせに、外国の過去ばかり追及するという態度は、すべて偽善にすぎない。それは大統領であろうと、市民運動家であろうと、偽善に変わりはない。

韓国には、過去の宮廷慰安婦問題だけでなく、ベトナム派兵における韓国人経営の韓国慰安婦、米駐留軍への韓国慰安婦、国家管理売春問題もあるが、それを直視する勇気がないため、あるいはその批判をそらすために日本に対する過去の追及にこだわるのだろう。

人ばかり非難するのは能がない。韓国人にとってもっとも必要なのは、まず自国史を振り返って、自らの良心と良識に基づいて、はたして日本政府を譴責《けんせき》する資格があるかどうか、もう一度反省することではないだろうか。

第四章　「脱華入日」で繁栄した台湾

支那の古典には台湾が日本の領土だと記録されている

中国政府は「台湾は中国の神聖なる不可分の固有領土」と一貫して主張しているが、このことは「日華字典」にまで書かれ、現代の日本でもすでに一般常識となっている。これに疑問を抱くだけでも「反中国」というレッテルが貼られてしまう。だから日本の学者や政治家のほとんどが中国の主張に同調せざるをえない。

しかし中国政府や学者は、中国最古の古典『尚書《しょうしょ》』・禹貢篇《うこうへん》、『史記』の「秦皇本紀《しんのうほんぎ》」、『三国志』、『隋書』などの諸史諸志をえんえんと引用しながら、「この書に記載されている『夷《い》州』が台湾である」「琉球が台湾である」などと主張するのみであった。もちろんそれだけでは「中国の不可分な固有領土」であると証明することはできなかった。

中国政府は一九九三年八月に一万二〇〇〇言の「台湾白書」を発表し、台湾は二〇〇〇年前の三国・呉の時代からすでに中国の一部であったと主張した。さらにこれを英、仏、独、西、露、日、アラビア語など八カ国語に翻訳して、全世界にばら撒《ま》いた。だがその主張はなんの根拠もなく、歴史捏造と歪曲にあふれている。

たしかに、『三国志』の「呉志」には衛温《えいおん》、諸葛直《しょかっちょく》による一万の兵士の海外遠征のことが記載されているし、『隋書』にも陳稜《ちんりょう》の万余人の海外遠征と「数千人の男女を捕まえて帰った」という記録がある。しかしこれは、せいぜいどこかの海外の島への侵略を証明しただけであり、侵略された島が台湾かどうかという証拠もなく、仮に台湾遠征をしたとしても、それだけで中国の固有領土であることを証明することはできない。

中国政府は傘下の中国専門家、ジャーナリストを総動員して、「台湾は中国の神聖なる不可分な一部」や「南京大虐殺」といった嘘を日本人にすりこみ、「常識」とした。

中国が台湾を「神聖不可分な固有領土」であると主張しはじめたのは、戦後、国共内戦が終息し、中華人民共和国政権が樹立されてからである。ことに「世界革命、人類解放」の夢がだんだんとはかない夢、南柯《なんか》の夢になるにつれて、そうした声はいっそう強くなっている。

もちろん、戦前から台湾を「不可分な固有領土」と主張する中国の知識人も、絶無ではなかった。下関条約で台湾が清国から日本に永久割譲された後、維新派の巨頭・梁啓超《りょうけいちょう》は、将来中国が強くなったとき、日本は台湾を中国に返還すべきであると考えていた。ことに反日抗日運動の激化につれて、大東亜戦争中に、下関条約を絶対承認しないと主張する抗日知識人も出てきた。

しかしカイロ会議の前までは、孫文、蔣介石、毛沢東、周恩来など、中国の国家指導者たちのほとんどが、台湾を中国の固有領土としては考えていなかった。そればかりか、場合によっては日本から独立すべきだと主張していたこともあったのだ。

台湾人学者はすでに一九八〇年代から、中国人の歴史捏造と歪曲を指摘し、最近ではそうした書籍も出している。「台湾は古《いにしえ》より中国の領土にあらず」という反論を集大成した圧巻の書が、歴史統計学者である沈建徳氏の『台湾常識』である。氏は数百年来の中国の古典『重修台湾府志』『清史講義選録』『靖海《せいかい》紀事』『閩海《びんかい》紀要』『清聖祖実録選輯《せんしゅう》』『台湾府志』『重修福建台湾府志』『治台必告録』『台湾理蕃《りばん》古文書』『台湾輿地《よち》彙鈔《いしょう》』、『台湾通史』『清一統志台湾府』『海東札記』から、古地図や孫文、毛沢東、周恩来、蒋介石らの発言まで、原典と国家指導者の発言を計一三五項目も引用して、その歴史捏造を指摘し、歪められた「歴史認識」を正した。氏によれば、ここ三〇〇年来、中国人自身が台湾は中国固有の領土ではないことを実証的に論証しているという。

ことに日本人に注意を喚起すべきことは、清の乾隆帝時代、一七三九年に完成した官定正史『明史』や『乾隆府庁州県図志・台湾府』『台湾輿地彙鈔』『治台必告録』には、台湾が日本に属する、さもなくば倭寇の地であると書いてあるということだ。ほかには、フィリピン（比舎耶国）に属すると書いている古典もあった。

では、なぜここ三〇〇年来、支那の知識人や国家指導者は「台湾が中国の一部」であることを否定し続け、そして戦後になると、今までとは逆に「台湾は中国の神聖なる絶対不可分な一部」と言い張りはじめたのだろうか。

私は、その理由のひとつとして、中華帝国がずっと海を拒否し続けてきた帝国だからではないかと考えている。

中国は典型的な大陸国家で、すでに秦漢・隋唐の時代から長城を築いて陸禁（陸上の移動禁止）を行い、それに加えていっそう厳しい海禁（渡海禁止）を敷いた。三蔵法師の西方取経、鑑真和尚《がんじんわじょう》、弘法大師の渡海の物語からも、中華歴代王朝の陸禁、海禁の厳しさの一端がうかがえる。ことに倭寇が跳梁した明、さらに清の時代には、陸禁海禁はよりいっそう厳しくなり、出海の禁則を犯した「棄民」は、一族まで誅殺《ちゅうさつ》されるケースもあった。

だから台湾に対する知識は、ほとんどが荒唐無稽に近い。たとえば、宋代に出た『華夷《かい》図』には、海南島はあっても、台湾は描かれていない。世界で最初に台湾を地図に描いたのはポルトガル人であった。

海に対する恐れと無知から、海にある島を忌避《きひ》し、しかも倭寇の出没するところであるから、日本に属すると考えたのではないだろうか。

すでに一九世紀末には、日本人学者の台湾歴史研究はかなり進んでいた。戦後の台湾史は、その時代の歴史研究成果をふまえたものが多い。というよりも、あまりその域を超えていない。国民党が歴史捏造と歪曲に狂奔していたからだ。

では牡丹社《ぼたんしゃ》事件の台湾出兵のとき、日本はなぜ支那古典を依拠に台湾領有を主張しなかったのか？　日清戦争後の下関条約締結交渉に日本はなぜ台湾固有領土論を出さなかったのか。

当時、日本政府が正史『明史』を根拠にして台湾を日本の固有領土と主張しなかったのは、恐らく次の要因によるものではないかと私は推測する。

『明史』に、台湾は明の領土ではなく、日本領であるとされているとはいえ、日本は実質的に台湾領有や実権支配を行っていなかった。台湾は清の「化外《けがい》の地」であっても、その一部（西部平地と東北、東南部）はすでに清の実効支配を受けていた。

しかも一八八六年にはすでに清国の行政単位として省が設立されていた。

一八世紀に編纂《へんさん》された中国の正史に日本に属すると書かれながら、牡丹社事件による一八七四年の日本の台湾出兵後、日清間の戦後処理として琉球のみが日本領であり、台湾は清の領有であることを正式に認めた。いわゆる琉球処分である。清は台湾を「化外の地」とみなしながらも、その島の一部を実効支配していたから、日本側としては、琉球を日本領として認めさせるかわりに台湾を清領と認める相互承認という政治的外交的目的もあったのだろう。

「天下、王土に非らざるものなし」という王土王民思想が、近代国民国家時代に至るまでの、中国人の伝統的な国土観、版図観であった。

しかし列強の時代になってから領土意識が変わり、寸土必争の時代となり、領土とは、力や富によって奪ったり、奪われたり、買ったり売られたりするものとなる。たとえばコルシカは、ミラノから仏に売られ、ルイジアナは仏から米に売られた。アラスカは露が米に売り渡したものである。つまり、列強時代の領土意識は、「伝統」ではなく、力の理論によるものであった。

だから日本は日清戦争の勝利後、近代的国際条約の締結によって、台湾を清から日本に「永久割譲」することを明文化すればいいと思ったのだろう。

新領土の獲得は、列強時代の政府としては国家強盛のシンボルとして政治家の天命であり、勲功でもある。歴史に名を残せるという思いもあった。

一八世紀ころの清国の知識人にとって、天朝冊封《さくほう》秩序下の王土王民思想からみた東方海上の彼岸にある荒蕪《こうぶ》の島台湾は、せいぜい日本かフィリピンに所属の地という常識しかなかったのは、地理学的常識からすれば、決して異例ではない。当時明治憲法には、新領土の編入について、規定さえなかった。まして清以前の古典をや。

だから近代国民国家としての領土範囲の確定と新領土の編入は、荒唐無稽の古典に記されている神話よりも、一九世紀の万国公法に基づく近代国民国家の領土観から国家領土範囲を決めるのが、国際常識であろう。

だから、下関条約での日本への台湾割譲には正当性があるが、中国の「不可分領土」論には根拠がない。しかも、現在でも中国は台湾を統治していないのだ。

「台湾人はほとんどが中国からの移民」という中国の主張は嘘

台湾社会を漢民族社会とみるのは正確ではない。台湾には山岳民族の「高山族（高砂《たかさご》族）」、「平地民族の「平埔《へいほ》族」という原住民がいたからだ。

しかし、中国の国家指導者である江沢民は「台湾原住民の高砂族はたったの二％、残りの九八％は中国からの移民」と主張している。

こうした認識は、台湾研究の専門家をはじめ中国人のごく一般的な台湾理解ではあるが、決して正しい歴史認識、台湾認識とはいえない。

だが、台湾人の祖先は約三〇〇年ほど前に中国大陸からやってきた漢族の移民であり、台湾社会は基本的には漢族社会だという「常識」が、すでに日本領台初期に定着していた。

というのは、日本領台初期の戸籍調査、旧慣調査、あるいは歴史研究についての原典によると、当時の台湾では文化的にはすでに漢文化が主流となっており、漢人社会に多くの関心が集まっていたからだ。

中国大陸からの台湾への移民は、一七世紀初頭のオランダ人による台湾経営の時代から始まったとされるが、当時台湾に渡ってきた漢族は季節労働者が多く、男性中心で、定着率は決して高くはなかったというのが事実だ。じっさいの台湾への漢族移民は、一七世紀の倭寇時代以後に、大陸東南沿海から東南アジアの海港都市への移民の延長として始まったと考えればほぼ間違いない。

漢族移民の定着率があまり高くなかった理由は、台湾が毒蛇と風土病の島であったからだ。もし現在の台湾に残っている原住民がたった二％の高山族だけだとすれば、では、かつて台湾の平地に住んでいた大多数の平埔族は、いったいどこへと消え去ったのであろうか。漢族によって消滅させられたのか、自然淘汰《とうた》されたのか、あるいはすべてが同化されてしまったのだろうか。

最近、台湾人の隠された謎について多くの学術的研究がなされている。歴史統計学者の沈建徳氏の研究によれば、現在、台湾人の種族的構成は、台湾原住民（平埔、高山族）は、総人口の七七・四％、漢人との混血一六・八％、計九四・二％が原住民かその混血で、大陸からの移民は五・八％である。

沈氏の統計方法は、オランダ時代以降の自然人口増加率を〇・七%、一ヘクタールの耕地で三・三人を養えるという数字を基調として設定、歴代の台湾古典に記録されている戸数・人頭数、税収、政令の変化、清朝政府の賜姓《しせい》、耕地の開拓拡大の歴史などから綿密な統計数字を算出したものだ。

高雄《たかお》医学院精神内科の「台湾と西太平洋島嶼《とうしょ》南島諸族の健康問題」という論文によれば、人種学的、血統的研究からも、台湾人の血統は八八%が漢族とは異なり、南方系人種に属しているという。抗原体(HLA)あるいはミトコンドリア核酸の研究からは、中国人と台湾原住民の中間種であるとされている。

つい最近、馬偕《まかい》病院輸血医学研究室の林媽利医師や、日本赤十字会、東京大学など諸研究機構の共同研究が行われ、その成果が発表された。国際医学期刊に掲載された研究論文「組織抗原体(HLA)」と、第一一回国際HLAフォーラムで発表された「台湾各エスニックグループのHLA分析とその比較研究」によれば、台湾の閩南《びんなん》系と客家《ハッカ》系種族は、中国の漢人とはまったく異なる種族であることがわかったということである。

遺伝子から見れば、台湾人はタイやベトナムのプイ族と同系である。血統的には、越族に属し、苗《ミャオ》族と同系である。

一方、日本人と韓国人は台湾人よりも中国の北方漢人に近いと報告されている。

もちろん、近代民族というのは、人種学的、人類学的概念ではなく、どちらかというと心理学的概念である。客観的存在というよりも、主観的帰属意識といえる。国家主権下の国籍とは不可分の国民概念である。

「台湾は中国の不可分な一部、台湾人は中国人である」と主張する政治家、文化人ほど不見識なものはない。有史以来、台湾が中国の一部となったのは、せいぜい一八八六年の省設立から一〇年間ぐらいである。

にもかかわらず、台湾人と中国人をあたかも南北朝鮮・韓国の離散家族のように捉《とら》え、「中国統一のために日本の国民運動を推進する」などと中国の国家指導者に約束した政治家や文化人のほうが、よほど不見識にして非常識だ。

なぜ台湾人が中国人でなければならないのか。いったい台湾は中国の不可分な一部という根拠はどこにあるのだろう。台湾はいつ中国と不可分になったのか。台湾と中国が隔離されていない時代などあったのだろうか。台湾史はただの中国地方史の一部だろうか。

台湾は中国とは別々な歴史を歩んできた。それはかりか、オランダ統治時代以来、いつでも中国大陸とは対立、敵対の歴史を歩んできた。オランダ時代、鄭《てい》氏王朝時代、清王朝時代、日本時代、国民政府時代、すべての歴史は中国と不可分な歴史ではなく、敵対の歴史であった。

近代民族の形成は、近代資本主義発展過程の歴史的産物であり、異なった歴史は異なった民族を生み出す。近代民族意識は高度文化発展段階の集団が、近代市民社会になってからじょじょに生まれた精神現象である。近現代史からみれば、台湾民族は中華民族以上に民族が成熟している。

それは、大中華民族主義が漢人、満人、モンゴル人、ウイグル人、チベット人をはじめ、まったく異なる歴史、宗教、文化、文明、アイデンティティを持つ、五〇～六〇もある民族を無理やり中華民族として統合しているのに対し、台湾人は共通の歴史を持ち、共同運命意識が強いため、中国人以上に近代市民社会、市民意識、そこから派生する民族意識が成熟しているからだ。

台湾が中国との統一を拒否し続けているのは決して経済的格差のみではなく、北京が独裁政権であるからだけでもない。台湾人自らが中国人意識や中国人としてのアイデンティティを持っていないからだ。

台湾人は有史以来、中国人と対立しない日はなかった。それが歴史の宿命だろう。オランダ人の時代から原住民はすでに大陸からの新移民と対立しつづけ、外来支配者と島の住民との対立は、「三年一小乱、五年一大乱」であったという史実が物語っている。

今日に至って、「われわれ中国人」VS「われわれ台湾人」のデモに象徴されるように、中国人VS台湾人の対立が目立ってきた。李登輝前総統の「新台湾人」提言の背景は、まさしくそこにある。

「台湾人は中国人」というのは、ただ中国政府の主張に、日本人政治家、文化人が追随、同調しているオウム返しにすぎない。中国人の史観からでは、台湾の歴史が歪《ゆが》められてしまう恐れがある。台湾と中国とは、「絶対不可分」というフィクションではなく、永遠なる「対立」という史実だったということから台湾史をみなければ、歴史の全体像が逆さまに歪められてしまう。

「台湾の英雄＝日本人」と「韓国の英雄＝反日闘士」という不思議

韓国人の書いた半島の歴史は、檀君《だんくん》開国から李舜臣《りしゅんしん》、安重根《あんじゅうこん》の民族英雄をはじめ、反日抗日の人民大衆に至るまで、じつに英雄にあふれた半島といえる。しかし、北方諸民族はたいてい一度は中華帝国の征服や、京師占領を果たしたのに、朝鮮人だけがえんえんと千年属国となり、半島にうずくまっていた史実からすると、疑問を抱かざるをえない。

しかし四〇〇年近くの台湾史には、朝鮮史のような英雄、豪傑はいなかった。たとえいたとしても、叛乱《はんらん》を起こしてすぐに打ち首にされた草莽《そうもう》の逆賊のみであった。草莽の豪傑は次から次へと歴史の舞台に登場していたが、すぐに消えていってもいた。叛乱や革命といわれるものは、有史以来、一度も成功したことはなかった。このような歴史は、東南アジアの海島の歴史と極めて似ている。世界遠征のような大英雄や大王、大帝はいなかったのだ。

それが台湾史であり、李登輝総統の言う「台湾人としての哀しみ」をそのまま物語っている。

台湾史には、常識から考えればありえないような歴史が多い。ことに人物像はそうである。

考えてみれば、台湾の開祖といわれている鄭成功《ていせいこう》は、そもそも倭寇最後のボスで、オランダ艦隊のマカオ遠征のスキをついて台湾を占領し、オランダ人を追い出した。しかし一年にも満たずに台湾で病死した。彼の台湾滞在は、現在台湾に留学している日本人語学研修生よりも短く、台湾の地に愛着もなかった。

鄭成功の人物像は、海賊のボス上がりというだけあって、原住民に対する略奪や虐殺だけでなく、側近の誅殺、滅族などと極めて冷酷無情で、その実像は決して中国の史書に描かれているような英雄的人物ではない。鄭一族は、三代目の時代に、旧部下の施琅《しろう》に率いられた水師に滅ぼされ、大陸から連れてこられた軍民はすべて大陸へと強制送還された。

それなのに、鄭成功はなぜ台湾の開祖として祭り上げられているのか。開祖ならオランダ人か原住民の神話から出すべきではないだろうか。

明が清に滅ぼされた後、明の遺臣はこぞって清についた。鄭成功の父・鄭芝龍《ていしりゆう》もそうだった。鄭成功とその子、鄭経が清に帰順しなかったのは、「忠誠」や「愛国」のためではなく、「朝鮮人と同じく弁髪《べんぱつ》の免除」という彼らの要求が清の朝廷に拒まれたからであった。それだけで鄭成功一族は清に帰順せずに台湾に逃げ込んだのだ。

では、なぜ鄭成功は神として、そして台湾の開祖として台南の開山王廟《びよう》に祭られたのか。台湾には、道教の神々がじつに多い。どこの馬の骨かわからない「媽祖婆《まそばあ》」が日本の金毘羅《こんぴら》や弁財天のごとくに、海の神として祭られている。台湾の道教は動物の「虎仔爺」（虎じじい）まで神として祭るぐらいだから、鄭成功を開山王として祭っているからといって、台湾人の間で絶大な敬慕を受けていることを意味するものではない。少なくとも鄭成功に対する信仰は「媽祖」を超えるほどのものではない。

鄭成功が「忠臣」にして中国の「民族英雄」に祭り上げられたのは、じつは幸運によるもので、政治的に利用されたからだ。中国では台湾が中国の不可分な一部であることを強調するため、時代とともにその史実にフィクションが加えられ、そのフィクションは次第に拡大再生産されていったのだ。日本でも近松門左衛門の浄瑠璃《じようるり》「国性爺《こくせんや》合戦」以来、今日でも彼を日露戦争の英雄たちと並ぶ、西洋を打ち破った東洋の大英雄として祭られている。

最近になって、中国には「統一史観」の風が吹き、支那を征服・支配した満州人の康熙皇帝は一躍「中国を統一した民族英雄」になり、鄭成功は逆に中国統一に反対した「分離独立主義者」とされた。中国史観とはそんな勝手なものだ。

もっとおかしいのは、最近、台湾最初の巡撫《じゅんぶ》・劉銘伝《りゅうめいでん》を台湾近代化の父に持ち上げていることだ。しかし彼の事跡も捏造に近い。劉は台湾で四つの政策と称する近代化策を推進したことは事実であったが、重税を課したため住民の反抗に遭い、ことごとく失敗した。基隆《キールン》から新竹《しんちく》の間につくった鉄道はおもちゃに近いもので、実用化もできず、彼の施策は後任者にすべて否定された。

ではなぜ最近になり、劉銘伝の台湾建設が吹聴されているのか。その意図は極めて明確で、日本時代の近代化政策をすべて否定したかったからだ。

近代化というのは空想的な政策だけで達成できるものではない。ただ重税をかけるだけで成功するものでもない。アヘン戦争後の清国の洋務運動がことごとく失敗したように、劉銘伝の台湾の近代化運動も成功しなかった。

じっさいには、台湾の近代化をはたしたのは「日帝」であり、その中心人物となったのが後藤新平《ごとうしんぺい》だった。

後藤新平の台湾近代化政策は、徹底的な土地、戸籍、旧慣調査からスタートして、外から多くの資本、技術、人材を投入し、そこから台湾経営のレールを敷いた。今日の台湾は、このときに敷かれたレールの上に継承されている。

しかし劉銘伝の施策には住民の抵抗が多く、反乱が絶えず、そのために劉は能吏ではなく酷吏となったが、彼の施政は数年続いただけですぐに否定された。そこが劉の失敗と、後藤の成功の分かれ道となった。台湾の近代化は、日本の「脱亜入欧」に連れられて「脱華入日」したからだ。

台湾の近代化策は、明治維新の成功と支那諸改革の失敗の地方への延長として考えるべきで、一代のみではなく、まさしく長期にわたる実行可能な政策の継承性と継続性にある。

鄭成功は北伐して中国を統一した蔣介石とは比べられるほどの人物ではない。

二人とも台湾で亡くなったが、蔣介石のほうがはるかに台湾との関係が深い。しかし二人とも台湾の征服者で、台湾人を虐殺したのだから、台湾の大英雄にすることもなかろう。

中国の歴史学者は、中国を侵略・征服し元を興したフビライカンの祖父・ジンギスカンや後金国・清朝を興した順治《じゅんち》皇帝の祖父・ヌルハチを中国の民族英雄にし、「太祖」と追諡《ついし》した。しかし同じくフビライカンや「丙子胡乱」でホンタイジに征服された韓国では、ジンギスカンも、ヌルハチも、韓国の大英雄や民族英雄になっていない。同じ中華史観・正統主義・大義名分で史評、史論を展開する「大中華」と「小中華」の歴史人物観もそこまで違うのだ。

歴史人物評はきわめて主観的なもので、政治色も強い。時代、体制の必要に応じて、往々にして評価が大逆転する場合も多い。たとえば、唐末の乱賊・黄巣《こうそう》や明末の農民反乱指導者・李自成は極悪非道の徒として語られてきたが、社会主義中国となると、農民革命史観、階級革命史観に基づいて、一変して農民革命の大英雄となった。

台湾史の主役はよそ者ばかりで、政治的必要から人物像が歪められ、虚構も多い。いやらしいほどの嘘も多い。ことに中国人歴史学者は、政治的必要から台湾史の捏造をいっそう露骨に行う。後藤新平の台湾近代化政策の輝かしい成果は抹殺されたし、劉銘伝による近代化政策の捏造もその一例である。

中国の統一史観から台湾史をみると、歴史像、ことに人物像がすべて歪められてしまう傾向が強い。台湾史は有史以来、外来支配者の支配と反抗に独自の歴史を歩んできた。ことに蔣介石の国民党が支配するようになってからの台湾史は、抗日の義士だけではなく、反清、反華の草莽の群雄ばかりがつづられてきた。だから中国による統一史観との接点はまったくない。現在の台湾史はすべてが外来支配者の分離独立によって書かれた歴史なのである。

台湾は日本帝国の植民地ではなかった

日清戦争後の下関（馬関）条約によって、台湾は日本に永久割譲された。日本では、本邦初の新領土経営をめぐって、内閣、議会、学者の間で多くの意見が闘わされた。歴代政府内閣にも、一定した見解があったわけではなく、台湾経営にも一貫した政策があったとはいえなかった。

下関条約後、日本が獲得した新領土の台湾についていったいどう考えるべきか、またどう経営するべきかという根幹問題については、明治維新後に領土確定された北海道（蝦夷《えぞ》）と沖縄（琉球）と同じく開拓、経営していくべきという考えと、西欧に学び、「植民地」として経営していくべきだという主張の間で、絶えず論議が行われていた。

当時、台湾の統治制度と台湾経営を研究する機構は、実質的には伊藤博文首相を局長とする台湾事務局であった。

司法省の英人顧問であったモンテーダ・カークウッドが唱えるインド、香港をモデルとするイギリス式植民地経営や、仏人顧問のミッシェル・ルボンが主張するアルジェリアをモデルとするフランス式植民地経営も検討されたが、双方とも必ずしもはっきりとした支持を得ていたものではなかった。

「日本には日本独自の経営方式があり、それが日本の特殊性であり、国風であり、すべてを西欧のマネばかりしていては能がない。北海道や沖縄を植民地とみなさない以上、新領土の台湾開拓も、植民地とみるべきではない」そうした考え方の代表的な人物が、台湾事務局の一員であった原敬《はらたかし》であった。

原の基本的な考えは、プロイセン・フランス戦争後、敗戦したフランスにアルザス・ロレーヌ地方を割譲させたプロイセンのように、台湾は内地の延長として州県とみるべきであるとしていた。

実際、日清戦争後の内閣の閣議において、台湾を「植民地」とするような公式の共同見解はなかった。それは、一九〇五年に、かつて二代目台湾総督を務めたこともある桂《かつら》太郎首相が、組閣後の第二一回帝国議会（一九〇五年）の議員質問で「植民地だ」という発言をしたことで、「植民地という由々しき大事件」として議会で追及され、台湾の植民地論争に火をつけることとなったことからもわかる。

第二一回、二二回の帝国議会の台湾植民地論争をみれば、当時の政府内閣と議会では、台湾は植民地というよりも、「内地延長主義」として、その方針が一貫していた。一九二

○年八月から台湾で発行された在台日本人のマス・メディアである「台湾民報」は、創刊の辞から、台湾は内地同様であり、「植民地とみるべきではない」との論陣を張っていた。そのことからも、当時の民間知識人の「台湾＝非植民地」観をうかがわせる。

では、建前（国是・政策）は別として、じっさいには、台湾は植民地型と内地延長型のどちらで経営されていたのか。

前述したように、台湾の近代化の最大の功労者が後藤新平だった。原敬が基本的には内地延長、同化主義を考え、特別の制度ではなく、憲法をはじめとする諸法令を適用すべきであると考えていたのに対し、後藤は「内地延長」ではなく、台湾は台湾なりの慣習法に従い、持論の「生物学的」統治こそ肝要であると考え、英国流植民地の流儀に従うべきだと主張した。しかも彼の敷いた台湾経営のレールは、今日に至っての台湾経営のモデルともなっている。

では台湾は、じっさいはやはり日本帝国の植民地なのだろうか。

いや、植民地ならばどこの国でも憲法施行の実例はない。しかし伊藤内閣は、台湾における憲法施行のためにわざわざ「六三法」（明治二九年法律第六三号）をつくった。これは、三年の時限立法との条件つきではあるものの、「台湾に施行すべき法令に関する法律」であった。

これに対し美濃部達吉ら憲法学者は、台湾は帝国の植民地であり憲法施行区域外にあるので、「六三法」は憲法違反であると主張した。

一方、桂太郎首相と田《でん》健治郎（最初の台湾文民総督）は、台湾を帝国が構成する領土の一部として、帝国憲法の適用と明示を主張した。

台湾経営をめぐっては、「六三法」改正のたびに、帝国議会に植民地論争が起こり、憲法学者や法曹界も台湾をめぐる憲法論争に加わった。それは言語、風習、文化がまったく違っている台湾に日本帝国憲法が本当に適用できるのかという、学者と政治家の見解の相違からくるものであった。

じっさい、原首相が大正八年に組閣した後、第八代目台湾総督に田健治郎が起用された。彼はそれまでの武官総督に代わりはじめての文民総督だった。内地延長主義、同化主義政策、皇民化運動が進められたが、これは、台湾を実質的には植民地ではなく内地延長と考えたうえでの施策であり、近代国民国家形成過程での西欧諸国と同様の、国民化運動であったと考えるべきだろう。

日本時代五〇年史からみれば、第八代目総督の田健治郎文民総督以降、政策としては台湾を植民地というよりも内地延長として、植民地経営はむしろ否定される傾向がみられた。ことに日本の植民地政策として悪名高い「皇民化」運動も、むしろ近代国民運動として、植民地否定を目指すものとしてみるべきだろう。フランスをはじめとする近代国民国家は、たとえばブルターニュやその他の非フランス語系属領に対する国民統合運動は、「皇民化」運動以上に高熱を持つ言語、文学、宗教統合の運動であった。

日本が新領土台湾を経営した初期、植民地建設の夢はまだ人類の理想であった。新興日本の政治指導者たちは、日本人の誇りとして、台湾経営に夢を抱いていた。台湾経営が成功するかどうか、これからの日本人の評判が世界に問われ、地球上で生きていけるかどうかの大問題として、戦々恐々としていた。

台湾が日本の植民地といわれ、定着したのは大正デモクラシー後である。コミンテルン史観の影響を受けてから、社会主義諸運動を通じての民族解放思想から、そのような見方も出てくるようになったのだろう。

たしかに、二〇世紀末の植民地史観からすれば、台湾は大日本帝国最初の海外植民地として語られるのが一般的である。ことに戦後、反帝国主義の激流の中で、欧米資本主義先進国以外の世界は、欧米資本主義の「経済的植民地」とまでいわれるぐらいであったため、台湾は日本の植民地だけでなく、有史以来、オランダ人統治時代から今日まで、すべての台湾史は外来支配者の歴史であり、植民地の歴史であると考える台湾の知識人も多い。

植民地観の善《よ》し悪《あ》しということとは別にして、近代植民地の定義、概念規定は、学者それぞれによっても異なる。植民地史観だけで台湾史像を捉えることは、往々にして実像が歪められてしまう。

下関条約後からずっと続いていた、「台湾は植民地かどうか」という論争は、机上の空論や学術的な高論卓説の概念論ではなく、いかにして台湾を経営するかという法的、行政的実質経営の論議であった。

だから植民地史観からではなく、近代民族主義、国民主義史観から、日本時代の台湾五〇年史をみれば、日台関係史はもっと正しく捉えられるのではないだろうか。

もし日本の台湾経営がもう少し長かったら、あるいは大東亜戦争に負けていなかったら、台湾は九州や沖縄とどこが違っていただろうか。

日本統治でようやく安定・繁栄した台湾

台湾に文明史的な転換点が訪れたのは、一八九五年、時代の波とともに日本の文明圏に編入され、明治維新の延長と近代化の波に飲み込まれたときだった。

それまでの台湾には、二〇前後の海港しかなかった。海外に出るにも、また島の中を移動するにも、これらの港に頼らざるをえなかった。というのは陸路がなく、あっても村と村の間をつなぐ三〇センチぐらいのあぜ道だけだったからだ。

そして、まったく言語が通じない各部族が村落に棲《す》み分けて暮らしていた。

そもそも台湾は南島マレー・ポリネシア系住民の島であった。四〇〇〇年前には、平地の「平埔族」と山地の「高山族（高砂族）」、言語、風習からそれぞれ九族、あるいはそれ以上の部族が住んでいた。

人種、民族、生態学的見地からみれば、マレー・ポリネシア系海洋民族の文明圏に属し、マレー・ポリネシア系民族生活圏の最北の島と考えられる。

出土品からの考古学的研究では、一万年から二万年前に琉球、九州とは同一文化圏であったという説もある。少なくとも二〇〇〇年来、黒潮文化の洗礼を受け続けてきたらしい。

平埔族文化について、台湾原住民族研究の第一人者である国分直一名誉教授によれば、その起源はインドであるという。

台湾はオランダ人が一七世紀初頭に台湾経営を始める前、東南アジア文明圏の一環として、フィリピンの延長、あるいはその文化圏に所属する島だったと考えればさしつかえない。

オランダ人が台湾に入ってくる前に、台湾は倭寇の暗躍する基地として和人や漢人がいたとも推測されているが、はっきりとはしていない。台南の安平《あんぺい》には日本人が住んでいたというオランダ人の記録があったものの、司馬遼太郎氏が『台湾紀行』を書くさいにその痕跡を調べたが、実証的な結果は得られなかったという。オランダ統治以前に、漢人が島を開発したという話もあったが、ほとんどが荒唐無稽の話であった。前述したように、漢人が初めてこの島にやってきたのは、オランダ人が島経営のために大陸から雇い入れた季節労働者であった。

一七世紀中葉ごろからオランダ人の後に鄭成功一族が島の西南部を占領したが、鄭一族よりもオランダ人のほうが、外から黄牛・水牛や経済的作物の導入をはじめ、多くの文化的遺産を残していた。

鄭王朝の台湾支配は、現在の台南県とその周辺ぐらいの平地のみで、清の台湾支配は台湾西部平地を中心に東部までに拡大したものの、原住民を恭順的な「熟蕃《じゅくばん》」と反抗的な「生蕃《せいばん》」に分け、熟蕃への賜姓によって同化政策を強行した。

その後、清王朝が台湾を二一二年支配した。しかしそれは台湾経営というよりも、台湾を「反攻大陸」の基地としての役割を抹消するため、禁断の島として満州、蒙古、回部、チベットと同じく、山禁海禁を敷いて漢人の移住を厳禁していた。本格的に開放したのは、日本に台湾を永久割譲する一〇年前の、省設立のときからだ。

本当の意味で台湾全島が同一政権下に統合されたのは、二〇世紀の日本統治時代、第五代目の台湾総督佐久間左馬太《さくまさまた》大将の代になり、勇猛な山岳民族を征服してからである。だから、清の台湾全島の実質支配について、英仏独の列強は、「国際法的には、清は一部実権支配しているのみで、東部や山地には列強先占の権利がある」と論議していた。それが正しい歴史認識だろう。

それが一八九五年をさかいに、日本文明圏に編入され、鉄道、道路をはじめ、インフラが着々とつくられ、人的、物的交流が一体化され、単一市場が形成され、台湾人が生まれた。そこで海港の街が衰退していった。

台湾が産業社会になったのは戦後「アジアNIESの一員」と呼ばれるようになってからではなく、一九三〇年代後半からである。当時、台湾においてはすでに工業生産額は農業生産額を上回っていた。

もし日本時代の五〇年がなかったら、台湾はいったいどうなったであろう。はたして台湾人は生まれていたであろうか。

台湾は風土病の島としてそのまま残り、械闘《カイタウ》、匪賊、豪族の跋扈《ばっこ》、酷吏の苛斂誅求《かれんちゅうきゅう》が続いていただろう。

近代的交通や流通システムはなく、情報と知識を伝達するマスメディアもなく、民智混沌《みんちこんとん》、迷信陋俗《ろうぞく》が存在しつづけていただろう。

また農業社会から転換して近代産業社会の確立もできず、したがって近代市民社会の成立もなかっただろう。そして戦後台湾の国民党政権の維持もできず、戦後のアジアNIES入りも夢のまた夢であったろう。

もちろんそれは、近現代の歴史と台湾四〇〇年史の通時的比較、台湾、中国、アジア史との共時的比較からの私の大胆な類推である。

かつて、一八世紀までの間に、台湾には一時期的な開発ブームが起こった。しかし一七九〇年代以降、台湾はすでに開拓できる耕地がなくなってしまった。豪族も新しい移民を歓迎しなくなった。一九世紀に入ると、台湾は遊民、流民があふれ、匪賊が跳梁《ちょうりょう》し、反乱が絶えなかった。飢える台湾はニワトリや子ブタ一匹盗まれるだけでも、村同士が総出の生死をめぐる決闘になった。しかし日本時代になると、土地、品種の改良によって、米の生産も四倍増を達成した。

道路のない台湾は、もちろん橋もなかった。雨季になると数十日も数週間も洪水が奔流し、村が孤島となった。日清戦争後の一八九五年の台湾出兵時には、日本軍工兵隊を先頭に「軍路」を開き、五〇年間で公路三六八九キロ、市街道路一万三五九四キロ、鉄道一六二四キロ、私鉄も入れると二〇〇〇キロ以上もつくった。上下水道、発電所を建設し、近代都市がつくられた。

日本の領台前には、通貨は百数十種もあった。貨幣単位は「元」であっても、交易は、銀貨の額面単位ではなく、すべて秤《はかり》でその重さを量るという混乱状態であった。商品経済も発達していなかった。通貨、金融制度が確立され、近代社会がつくられたのも日本時代であった。

台湾社会が前近代的な社会から、一挙に近代社会へ変身したのは、この日本時代の五〇年で、一八九五年が文明史の転換点というのは、そのことを言うのである。

戦後、抗日史観で台湾史を語ることが主流になっているが、あまりにも創作に近い話が多すぎる。「文明」という観点から台湾史を眺めなければ、二〇世紀の台湾史は何もみえなくなるであろう。

日本の警察は台湾の「守り神」だった

戦後の台湾史には、なぜ「反日抗日史」が氾濫《はんらん》しているのだろうか。

反日抗日史をつくり上げた真相と意図とは何か。反日抗日史から、台湾史の全体像はどう歪められたのであろうか。

台湾の歴史は、有史以来、外来支配者による支配の歴史であり、植民地の歴史でもあると考える台湾人は多い。国民党の主席でもあった李登輝前総統は、司馬遼太郎氏との対談の中で、国民党政権までが外来政権であると認めたことは有名な話だ。

反日抗日史を語る場合、それは外来政権の歴史であった台湾史の一コマとしてみなければ正しい歴史認識はできない。もちろんそれ以上に、台湾の歴史社会の認識がなければ、反日抗日史の真相解明も難しい。

清の二百余年にわたる台湾支配は、いわゆる「三年一小乱、五年一大乱」の時代であった。もちろん清代に限らず、オランダ人の時代から台湾は叛乱の絶えない社会であり、匪《ひ》賊《ぞく》の跋扈《ばっこ》した社会でもあった。諸古典には多くの記録がある。

たとえば、「台湾の民風強悍《きょうかん》、一言合はざるも刀を抜き、相向ひ、衆を聚《あつ》め官を挟み、視て常事となす（台湾の民俗はたけだけしく、たった一言の言い合いをしただけで刀を抜き、仲間を呼んで役人を脅すことなどは日常茶飯事である）」（劉銘伝奏文）

「其民五方雑拠《ざつきょ》、俘掠《ふりゃく》の遺黎《いれい》に非ざれば、即《すなわ》ち叛亡《はんぼう》の奸宄《かんき》たり（民はあちこちに雑居し、強盗の後裔か、そうでなければ反乱の徒だ）」（『台海使槎《さ》録《ろく》』）

「台民乱を倡《とな》ふるを以つて嬉《たのし》みとなす、豈《あに》真に刑戮《けいりく》の畏《おそ》るべきを知らざらんや（台湾の民衆は叛乱するのが好きである。本当に人を殺すことを恐れていない）」（『東征集』）

「台民の乱を喜ぶこと灯《ともしび》を撲《う》つの蛾《が》の如《ごと》し。死する者前にありて投ずる者已《や》まず、其《そ》れ亦《また》憐《あわれ》むべき甚《はなは》だし（台湾住民の乱好きは、まるで火に集まる蛾のようだ。死んでも後から後から襲ってくる。これもまた嘆かわしいこと極まりない）」（『東征集』）

ではなぜ台湾人が「三年一小乱、五年一大乱」といわれるほど、反乱を好んでいたのだろうか。

もちろんそれは民風強悍だからだけではなく、漢族移民と原住民との土地争奪が絶えなかったからだ。

そもそも台湾は「荒蕪の地」であっても無人の地ではなかった。その一草一木、鳥一羽、鹿一匹とも各部族の原住民のものであった。そこに大陸東南沿岸から泉州語系、漳《しょう》州《しゅう》語系、客家語系の各族が相次いで台湾に侵入してきた。そして土地強奪をはじめ、資源争奪が始まった。移住民と原住民との抗争だけでなく、各族移住民の抗争、さらに同族、同姓の決闘も絶えなかった。それがいわゆる「械闘《カイタウ》」である。あたかもシャチが魚群を追うように、この島は次から次へと国家権力が入ってきた。そこで反抗、反乱が絶えず起こった。強奪の社会であるから、武器を持つ強い集団が勝つ。最大の武装集団である政治権力（政府）以外に、豪族、匪賊集団の社会が形成されるのは、むしろ自然の掟《おきて》だ。民衆は、税金も政府からだけではなく、匪賊からも二重に取られていたので、苛《か》斂《れん》誅《ちゅう》求《きゅう》どころではなかった。

このように、日本領台前の台湾は「訌乱匪徒《こうらんひと》の巣窟《そうくつ》」といわれ、反乱が絶えなかった。決して「反日抗日史」だけで語り尽くせるものではない。

至るところで出没、跋扈していた匪賊が討伐され平定されたのは、日本時代、一九一〇年代後半以降のことであった。台湾はここに有史以来初めての近代的警察制度が創設された。警察が匪賊に代わって社会を支配した時点から、台湾には治安が維持され、人治に代わって法治社会がじょじょに確立された。

だから近代的警察制度が台湾のインフラ建設の守り役であり、近代化の基礎を確立した物理力であった。

憲兵・警察といえば、朝鮮、台湾の近現代史ではあたかも植民地支配の現場執行人で、「弾圧、迫害」の限りを尽くした悪の権化のように書かれているが、とんでもない歴史捏造である。それはただ朝鮮の両班《ヤンバン》や国民党時代の台湾における悪代官の姿を、そのまま日本人にあてはめた「濡《ぬ》れぎぬ」にすぎない。

日本の台湾領有初期における「反日抗日の愛国者」とは、いったいどこの国の愛国者だろうか。彼らは国家と民族の意識をはたして持っていたのだろうか。

匪賊だけでなく、清代の役人、兵隊がいかに台湾住民を略奪したかについて、反日抗日史と比較して書いてあるものはない。匪賊と抗日義兵とはいったいどこまで区別されているのかもはっきりしない。

日本軍の「台湾出兵」当時、住民から略奪したのは清軍であり、「台湾民主国」を守るべき政府軍であった。だから台北や台南の住民をはじめ、多くの民衆が日本軍の入城を大歓迎したのである。

日本の台湾領有初期の警察は、行政までを担当しており、台湾は世界的にも稀有《けう》な警察国家であった。しかし、二〇世紀の初頭まで、警察国家は当時の近代国家としてのひとつの理想であった。台湾では、一九一九年に田健治郎が初の文民総督になって以降、ようやく行政権と警察権を分離し、文官制度を確立した。

日本の領台時期の警察は、行政の執行か支援、たとえば道路建設と補修、耕地防風林の植林、米と砂糖キビの耕作計画、納税の催促、その他の経済政策の執行、衛生検査などまでも一身に背負うという激務だった。決して「警察権力による植民地弾圧」などではなかった。

だから台湾では、日本人警察官が神様として寺廟《じびょう》に祭られている。地方の守り神として尊敬されていたからだ。

匪賊が跋扈し、社会治安さえ維持できない社会は経済発展、ひいては近代化社会の確立はできない。中国近代化の遅れはまさしくそこにあった。

では匪賊支配に代わる警察制度の確立によって、いったい台湾社会はどう変貌《へんぼう》したのであろうか。

「警察国家」としての夢の実現によって、土地調査と戸籍調査が順調に施行され、全島国土開発計画が断行された。そして平地では米と砂糖キビの生産が飛躍的に向上し、山地では樟脳《しょうのう》の計画生産が確立され、世界最大の産地となった。

鉄道、道路建設による交通、流通の発展によって、匪賊が一掃され、台湾という単一市場が確立した。

社会の安定によって島外からの投資が急増し、近代産業社会が確立された。人治に代わって民法、刑法、商法などの諸法規が施行され、法治社会が確立し、近代国民国家の基礎となった。

もし匪賊に代わる近代警察制度が確立していなかったら、今日の台湾はいったいどうなっていたであろうか。

一九世紀までの東亜社会は、日本を除いて、ほとんどが匪賊によって支配されていた。ことに中国では戦前まで匪賊国家であった。中華人民共和国になってからの一九五〇年代に、ようやく河南の匪賊は人民解放軍によって平定された。

匪賊社会は、武器を持つ集団によって社会が支配され、治安が守られない。もちろん、土地をはじめ、すべての産業に対する投資も不可能である。

中国の近代化の遅れもまさしくそこにある。

台湾近代化の基礎の確立は、まさしく匪賊勢力に代わって警察権力の確立から始まった。このことを無視して「反日抗日」だけで台湾史を語ると、正しい歴史認識が歪められてしまう。

人治社会から法治社会への確立は、近代化社会の確立に絶対欠かせない条件のひとつなのである。

大日本帝国への恩と中華帝国への怨

戦後の日本の進歩的文化人や学者は、日帝植民地の爪跡《つめあと》を訪ね、「かつて日本人はこれほど酷いことをしてきた、差別、搾取、虐殺をしてきた」と現場を検証するのが好きである。しかし、もし数十年や半世紀以上経っても、今もなおその爪跡が残っているとすれば、それはその社会がまったく変わっていないか、それともあまりにも爪跡が深すぎて、回復不可能かのどちらかであろう。

彼らが訪ねた台湾総督府や朝鮮総督府の巨大な建物や道路、鉄道、橋梁《きょうりょう》を「爪跡」というのであれば、それはあまりにもでたらめである。

台湾には大日本帝国時代からの遺物、遺産が今でも数え切れないほど多く残っている。もしそのような遺産がなかったら、今日の台湾はどうなっていただろうか。

もちろん大日本帝国が台湾に残した遺産の中には、それまでの台湾の歴史の中にまったくなかったものもあれば、あっても次元と質がまったく違うものもあろう。目に見えるもの、目に見えないもの、じつに語り尽くせない。今日では「爪跡」と言われるよりも、恩恵として後世まで受け継がれている。


日本時代の全島規模の鉄道、道路建設。

近代的な空港、港湾建設。

都市の上下水道建設。

日月潭《にちげつたん》をはじめとする発電所の建設。

烏山頭《うさんとう》ダムをはじめとする水利建設。

治山治水、山林保護、環境保護。

近代農政の確立、農地改良、農業技術の導入、品種改良、農業経営の近代化、商品化、国際市場化。

産業の近代化、近代的経済、経営制度の確立。
近代的財政、金融制度の創設、確立、さらに島外からの資本投資と技術移転。
近代的医療技術の導入と制度の確立。

もし以上のインフラをはじめとする諸建設、諸制度の確立がなかったら、今日の台湾の繁栄はなかったと断言できよう。それも大日本帝国があってこそできたことであって、米英や中国、ましてや台湾独自の力でもできなかった業であろう。

台湾割譲の一〇年前に、初代巡撫である劉銘伝も、洋務運動の延長として近代化政策を試みた。しかし、重税によって近代化を推進したために、未曾有《みぞう》の反乱に遭い、ことごとく失敗し、次代の巡撫からすべての施策を否定された。劉の失敗は中国には台湾を繁栄に導くことができなかったことを証明した。同時に、台湾の自力でもそれが不可能だったことを証明したのである。

それどころか、中国はアヘン戦争後の洋務運動をはじめ、百数十年にわたって、すべての改革、革命運動がことごとく失敗し、旧態依然であった。最近は改革開放に辿《たど》り着き、資本も技術も他力本願でやっと大きな変貌ぶりがみえたといえる。

東アジア世界、つまり儒教文化圏、漢字文化圏、はたまた「大中華」から「小中華」まで、資本の本源的蓄積も自主的な「資本主義の萌芽《ほうが》」も、ほとんど絶望的に近い状態だった。

そもそも風土病がたちこめていた台湾島は、「十去、六死、三留、一回頭」といわれるほど人の住めない島であった。しかし日本による近代的医療制度の確立、風土病、伝染病撲滅によって、インフラが整備され、近代都市が建設され、近代市民が生まれ、台湾近代化の基礎が据えられたのである。

もちろん近代的インフラ施設は、近代科学の諸成果に基づく調査が必要であり、その人材と技術（学術）も必要とされている。だから日本が行った徹底的な戸籍調査も近代的な土地調査も台湾の旧慣調査も、近代化への重要な要因だった。もし社会の人口、土地、慣習など経済的、社会的、文化的な科学調査がなければ、近代社会の基礎はできなかったであろう。

清朝統治下の台湾は、山地では戸籍調査が行われなかっただけではなく、戸籍には戸数や丁数（成人男子）しか記載されてなかった。日本時代の近代的土地調査によって、耕地と同数の隠田が発見され、耕地が倍増した。劉銘伝時代の土地調査がいかにいいかげんであったかが証明された。もし人口数が把握できず、地勢、地貌、耕地面積さえわからなければ、近代的社会の建設はほとんど不可能であっただろう。もし旧慣調査がなかったら、近代的諸法規の制定と施行は難しかったであろう。

日本時代以前に台湾にも寺子屋に似た書房は存在していた。しかしほとんどが諳唱《あんしょう》による読み書きだけを学習する虚学であった。就学児童も総人口の一％にも満たなかった。近代的実学教育は、日本時代の国民学校、医学校、実業学校からである。

そもそも台湾は共通語を持たない多言語社会であった。日本時代の近代的国民教育から、日本語が台湾での共通語となった。共通語の普及によって情報と知識を伝達するマスメディアが確立され、流言《るげん》に依存する社会から脱却することができた。

もし日本語の習得がなかったなら、近代的社会科学、自然科学の習得、近代思想と西洋哲学の修得、そして近代文学、芸術、音楽もなかっただろう。

国民教育と日本語の普及によって、近代的知識を修得し、さらに近代的諸科学と思想の影響を受け、近代市民が生まれ、近代国民国家としてのあらゆる社会的基礎がつくられたのである。

台湾の国民党政権にとっても、日本から接収した膨大な大日本帝国の遺産がなかったら、その存続は不可能であっただろう。

戦後の植民地史観によって、日帝統治時代の台湾には、「反日抗日」と植民地的搾取、弾圧しかなかったとされた。

しかしそれとは逆に、日本時代の台湾は清時代の「搾取」「弾圧」からの解放だけにとどまらず、近代化、脱「貧窮化」へと驀進《ばくしん》したというのが史実であろう。

理論先行の植民地論が誤っているのは、いつも史実に目を覆うからだ。ことに「世界革命、人類解放」の夢から次第に遠ざかっている現在、植民地史観だけで近現代史をみることはできなくなっているのだ。

かつての日本の植民地といわれる台湾、朝鮮、満州を語るには、「残虐な日本」という虚妄ばかり喧伝《けんでん》する植民地史観ではなく、開発史観から見なくてはならない。そのほうが、はるかに台湾の経済、社会史的変化をはっきりと説明できるだろう。

明暗が分かれた日本統治の台湾島と中国統治の海南島

アジアの近現代史の激変、激動の原動力は、西力東来が大きなマグマのひとつである。近代化の波も海のアジアから陸のアジアへと押し寄せていった。そこで生まれたのが近代日本、そしてアジアＮＩＥＳ、ＡＳＥＡＮである。

しかし海南島だけはその時流に乗れず、残ったままであった。

もし日本時代がなかったなら、今日の台湾は海南島以下だったというのが、台湾人の一般的な見方になっている。改革開放に至るまでずっと、海南島は中国で一番貧しい地域であった。一人あたりのGNPは中国人平均の半分以下。しかし台湾は中国の二〇から三〇倍である。もちろん、その格差は決して経済面だけでなく、社会的にも文化的にも天と地の差があるといえる。

この現実について、植民地史観からどうみるべきか、どう語るべきだろうか。植民地論者は、台湾と海南島の比較を避けて、空理空論のみを語ってよいのだろうか。

海南島は二〇〇〇年も前の漢時代には、すでに中華帝国に編入されていた。しかし、台湾が中華文明と遭遇したのは三百余年ほど前、そして日本からはたったの五〇年間の影響しか受けなかったのに、なぜこのように天と地ほどの格差が生まれてしまったのか。

つまり海南島は台湾よりも二〇〇〇年以上も前から文明開化され、ずっと中華文明に浴してきたにもかかわらず、原始社会に近いまま取り残されているといえる。ちなみに九州、台湾島、海南島の三つの島ともほぼ同じ面積の島であるが、辿ってきたそれぞれの歴史によって、運命が決まってしまったのだ。

海南島の悲劇は、中華文明圏に編入されたことから始まったのだろう。ではなぜ中華文明圏に編入されると海南島のようになってしまうのか。それは中華文明の本質と性格そのものの表れである。つまり、中国文明の特質とは、国富の一極集中、中央と辺境との永遠なる疎外《そがい》、文明と野蛮の同居である。

中央の富は地方の富によってのみ存在するので、地方の人的、物的、財的収奪からもたらされる地方の貧困、それによる地方と中央の同時崩壊の繰り返しが歴史の法則となっている。

絶えざる流民による易姓革命の結果、政治的求心力と経済的遠心力の絶えざる激突が起こり、争乱が絶えない。

今日のような民主化の時代であっても、中央集権体制を維持するために、不久任制（長期任官をしない制度）と回避制（同一出身地任官回避の制度）による中央官僚の収奪が横行している。そのため辺境は差別的地位に置かれ、地方の独自性と自律性を喪失してしまい、貧窮化から脱出することができなくなるのである。

もちろんそれだけではない。すべての中国辺境は、永遠なる辺境と貧困を強いられている。それが中華文明の永遠なる課題だろう。

宋の時代には、宋の太祖《たいそ》による、南人の宰相を起用しないという祖訓があった。南人とは揚子江以南の人間で、北中国の中原の人間からすれば、軽蔑すべき蛮夷《ばんい》であり、一国の首相を任せられはしない。北宋から南宋の政治改革をめぐる政争は、実質的には北人VS南人の争いであった。

ましてや海南島は島夷の島で、辺境の流刑の地であった。明の時代に、はじめて広東省出身の状元（科挙のトップ合格者）が出たが、その者は海南島の出であった。しかし海南島は相変わらず辺境の地であった。

海南島にはじめて近代的インフラ設備が持ちこまれたのは、大東亜戦争中の日本軍占領下のときであった。

戦後、国共内戦が再燃、国民党軍は陸を追われ、一〇万人の党軍が島に逃げ込んだ。当時海軍のなかった人民解放軍は、三〇〇隻のジャンク船を結集して、瓊州《けいしゅう》海峡を渡り、島内のゲリラと呼応して、国民党軍を島から追い出した。

海南島を手に入れた解放軍は、日本軍が残した近代的設備を戦利品として大陸に運んだ。それぼかりか、海南島の原始林をはじめ、地下資源の略奪を行ったため、熱帯雨林が消え、海岸の砂漠化が進行した。海南島は解放によって、島夷の原始社会に戻ってしまったのであった。それが中国辺境としての運命であり、中華文明の特質ではないだろうか。

人間も国家も、パートナーによってその運命が決まるのは、歴史的な現実である。

中ソとパートナーを組んだ国々や人々は、現在になっても混乱続きで哀れである。しかし日米欧と手を組んでいる国々の人々は、社会主義諸国の悲劇的終末を迎えることがないだけでも幸運といえるだろう。

台湾は四〇〇年ほどの歴史しかなく、かつては海南島以下の化外の地であり、中華帝国にとっては、厄介にして不穏な島夷の地であった。下関条約で、台湾の永久割譲が行われた後、李鴻章《りこうしょう》は、「花は香《にお》わず、鳥は囀《さえず》らない。男には義なく、女には情なし」と言った。

そんな島だから、朝廷のために内患《ないかん》を絶ったと誇らしげに語ったのだ。

しかし、台湾は日本文明圏に編入されたことで新たな変身を運命づけられた。

いくら東京一極集中と批判されても、中華文明と比べれば、日本文明は辺境が存在しないことがその特色のひとつであった。台湾は日本文明圏の編入によって、辺境ではなく内地の延長として、南進基地にもなり、猪突猛進ともいえる「国土開発計画」が断行され、近代台湾の新たな運命を与えられた。

台湾が日本の植民地であろうとなかろうと、中華帝国の化外の地からの脱出は、中国の牢屋《ろうや》からの逃亡に等しい。まさに中華の辺境としての運命からの解放が台湾新生のスタートであり、その解放者は大日本帝国であった。

清の時代二百余年間に、台湾の農民は、収穫の半分以上を役人に持っていかれていた。絶えず土匪によって掠奪《りやくだつ》されていた。しかし日本時代に入ると、台湾は大日本帝国の穀倉となった。

結婚相手によって幸せな人生、不幸な人生が決められてしまうのは、島の運命も同じである。海南島は中華帝国の側室になったことで現在の運命を迎えている。社会発展はその歴史の長さからではなく、文明との遭遇によって、その運命が決められるのではないだろうか。台湾と海南両島はまさしくその好対照といえるだろう。

台湾と海南島は、近現代史の中で社会改革と伝統文化との関係を物語る近代化の成果を比較研究するにあたって、もっともいい題材となるだろう。中華帝国と日本帝国の遺産が比較できるので、大日本帝国の史的な役割・意義を知るためにも好例だといえる。

二千余年前からの海南島の中国化＝華化と、一〇〇年前からの台湾の日本化＝「文明開化」は人類史にとっては最大の実験となった。

中華文明と日本文明の異質性から、また辺境と内地の延長としての開発から、このふたつの島の歴史を比べれば比べるほど、何が東亜の近現代史の運命を決めたのかが明らかになるだろう。

台湾と中国は永遠なる敵なのか

今日の台湾と中国との分離と対立は、「日本の中国侵略の結果」という主張が多い。しかしそれは歴史の無知、歴史学者の不勉強だ。有史以前から、台湾はすでに中国大陸と対立していたし、これからも対立し続けていくだろう。

たとえば倭寇の時代、台湾は倭寇の巣窟《そうくつ》と思われ、大陸では「遷界令」が敷かれ、大陸東南海岸の住民は、海から五〇里まで内陸に強制移住させられたことまであった。

一七世紀初頭の明の時代には、明の政府はオランダ人と澎湖《ほうこ》群島を争い、やがて明の勧めでオランダ人は彼岸の台湾を占領し、台湾の歴史時代はそのころから始まった。島と大陸の分離対立が有史の時代に移ったのである。

その後、陸から追われた鄭成功・鄭経一族が、オランダ人支配下の台湾を襲い、台湾を占拠した。鄭成功の急死後、鄭経は東寧《とうねい》王国をつくって大陸への反攻基地にし、大陸との対立を続けた。

鄭成功に一族を誅殺された水師提督・施琅は、清に帰順、復仇《ふっきゅう》の一戦で鄭一族を滅ぼし、台湾は清帝国の手に下った。清支配下の台湾は断続的に海禁を敷き、台湾の造反を警戒し続け、台湾は清の役人と緑営《りょくえい》支配下で「三年一小乱、五年一大乱」を繰り返し、海と陸の対立を続けていた。

日清戦争後、台湾は日本の新領土となり、陸の支配から離れ、中国の激しい反日抗日によって大東亜戦争に突入すると、台湾軍は日本皇軍として中国の敵となった。

戦後、大陸から国民党占領軍が入り、台湾人と中国人の対立のシンボルとして「二・二八」虐殺が起こった。

　国共内戦後、中国は台湾解放を叫び、血で台湾を洗うと息巻いた。台湾は国民党軍の大陸反攻の基地となり、蔣介石父子の支配下の台湾は、中国とはほとんど隔離、そして対立を続けていた。

　李登輝の時代になっても、中国は九六年の総統直接選挙に対してミサイルによる威嚇《いかく》射撃をするなど「文攻武嚇」を続け、台中の対立は今日に至っても変わらず続いている。

　このように、史実からみれば台中対立は有史以前から続き、これからも続いていくだろう。

　しかしこのような史実にもかかわらず、中国政府は今日に至っても「台湾は中国の絶対不可分な神聖なる固有領土」「一衣帯水」「唇歯《しんし》の関係」などという虚言を弄《ろう》している。日本の政治家や中国専門家にも、同調する者が少なくない。

　嘘も一〇〇万回唱えれば真実になる。やがて、台湾は中国不可分の領土という考えが定着し、日本人の一般的歴史常識となってしまうかもしれない。

　ではどうすれば対立に終止符を打てるのであろうか。台中対立は永久に解決できないのか。私はまだまだ多くの可能性が残されていると考える。

中国が台湾への武力行使を放棄する。

中国が解体して多国化する。

日米を中心とする国際的な軍事力が台湾海峡の安定を維持する。

中国政府が民意を尊重する。

このように、中国政府が台湾人を平和的な手段で統一できる魅力や説得力を持つようになれば、台中の世紀の対立も緩和、あるいは和解もできるだろう。しかし中国政府が民意を尊重することは不可能に近い。それは現政権が、なおもプロレタリア独裁の政府だからではない。中国そのものの存在が民意の尊重を絶対不可能にしているからだ。民意、民権を認めれば、中国がばらばらになる。それは文化の問題であって、政治だけの問題ではない。

中国は「馬上天下を獲《と》る」という易姓革命の国で、国家統一ができる武力がなければ、国家は存在しない。思想的にもっとも自由だった春秋戦国時代でさえ、王道と覇道の論議はあっても、民主である「民道」という思想はなかった。それどころか、二〇世紀前までの五〇〇〇年の歴史の中で、ついぞ一度も取り上げられたことがない。だから文化の問題というのだ。

民意尊重が不可能である以上、台湾と中国との対立に終止符を打つのは武力しかない。朱鎔基《しゅようき》首相は、もし台湾に対する武力を放棄したら、台湾は永遠に中国から離れていくと主張した。だから武力が唯一台湾を「絶対不可分なる神聖な領土」とする力なのだ。

もちろん台湾が唯々諾々《いいだくだく》と中国の一部となれば、中国は武力を使わなくても済む。中国が武力を放棄しないかぎり、アジアに平和は訪れない。

しかし、それでも台湾はそれを拒否し続ける。台湾が中国の一部に編入されることは、中華帝国の牢屋に入ることに等しいからだ。

朝鮮、ベトナム、日本と中国との関係は、台湾以上に長く、深かった。それでも鮮、越、日は中国の一部になりたいなどとは思っていない。台湾もそれと同じように考えている。二一世紀の時代に、愛情もなく、不幸になると思われる相手との結婚を無理やり強いることができるだろうか。台中関係はまさにそうである。

仮に中国が武力を行使し、台湾を制圧しても、中性子爆弾で台湾人を皆殺しにしないかぎり、清の時代に二〇〇年以上も反乱が続いていたように、台中の対立は永遠に続くであろう。

この対立は、近現代における「海のアジアVS陸のアジア」の一環であり、その解決こそが歴史的な課題なのである。

日本の政治家や文化人は、ほとんど中国政府の一方的な主張に同調、追随し、あたかも韓国・北朝鮮の南北離散家族の悲劇に同情するように、「統一」を唱和する。日本の国民運動を推進して中国統一に尽力すると中国政府指導者に約束した政治家もいるほどだ。それはほとんど台湾史に対する無知と不勉強からきている。

前述したように、台湾は朝鮮、越南や日本以上に、有史以来、中国とはほとんどの時代で対立を続けている。しかしその史実を歴史として書く人も知る人も少ない。台湾人が中国の一部になることを決して望まないのは、四〇〇年近くの対立の歴史がそこに存在するからである。

台湾でも始まった「新しい歴史教科書」問題

戦後日本を支配してきたのは、いわゆる米英の東京裁判史観と中ソのコミンテルン史観である。しかし、外国の史観による歴史教育、とくに中韓による日本の歴史教科書に対するたび重なる干渉への反発から、近年、これまで「進歩的文化人」や日教組が中心となって教えてきた自虐史観を見直そうという気運が高まり、国民の歴史教育への関心が高まった。

戦後、台湾でも日本とほぼ同時期に、国民党政権の支配によって中国の伝統的な史観が支配的となり、台湾史と台湾語が禁止された。台湾史は小中高等学校の歴史教科書には全体の四％しか記述されておらず、中国の一部としての中台関係史の叙述に終始し、しかも捏造、歪曲、不確実なものばかりになった。

しかし蔣介石父子政権の終結により、九〇年代に入ると日本同様に歴史教育をめぐる対立が表面化した。九七年九月より、台湾独自の歴史に力点を置いた『認識台湾』（歴史、地理、社会三冊）という教科書が中学一年生にかぎり実験的に採用されると、「教科書戦争」に近い対立が激化した。

もちろん、その背後には、台湾人意識VS中国人意識という対立がある。日本の教科書問題にもそれと同じように、日本国民としてのアイデンティティを求める国民意識と、「世界革命、人類解放」を求め、日本の歴史文化をすべて否定する反国民、反国家的市民意識との対立がある。

『認識台湾』を批判する勢力は、今まで半世紀にわたって、台湾の教育を牛耳ってきた国民党をはじめとする統一派らの勢力であり、既得権益集団の危機感からくるものだった。

彼らは新しい教科書に対して非難攻撃を繰り返し、多くの疑問を投げかけた。

たとえば、「台湾の多元的文化説を掲載するのは、台湾を非中国化する陰謀ではないのか。台湾史を悲哀の歴史だと強調するのは、各エスニック（族群）を分化する陰謀だ」

「台湾住民を四大族群（エスニックグループ）に分類するのは、『省籍』を分化する陰謀だ」

「新教科書には『中国人』と『中華民族』という文字がまったくみあたらない。それは台湾人が中国人ではないと誤解させる」

「『大陸』をわざわざ『中国大陸』と称して台湾と対等扱いしているのは、台湾独立への地ならしだ」

「新教科書に書かれている『漢人』を『中国人』に変えるべきだ。それは台湾と中国を分離する陰謀だ。台湾史に中国の年号を使わないで西暦紀年を使用、またFormosa（ポルトガル統治時代の台湾の呼称）の用語使用も、台湾を国際化し、中国から分離させようとする陰謀だ」

「中国人は絶対に馬関（下関）条約も、日本のサンフランシスコ条約の台湾放棄も承認していない。台湾の『帰属未定論』や『無主の地論』も承認しない」

「『台湾魂』は強烈な民族主義思想の主張で、教育には不適当である。『台湾精神』は実質内容を持たない。だから削除すべきだ」

「日本統治の肯定は親日だ。新教科書は日本に媚《こび》を売り、台湾独立を宣伝しており、憲法違反である。恥知らずの教科書だ。中華民国を主権国家と主張する以上、日本統治時代の存在、その概念を受け入れるべきではない。否定し、抹殺すべきだ」

以上数例だけをみても、新しい教科書の反対理由は、すべて「台湾人意識」への反発と「中国人意識」の高揚にある。新教科書反対の統一派は、危機意識の中で、「われわれは中国人である」のスローガンを掲げる大規模なデモを行い、全国あちらこちらの小中学校のカベにその標語を掲げ、さらには教育部（日本における文部省）にデモをかけ、タマゴを投げつけた。しかも新教科書説明会場を襲撃し、聴講していた女性に「てめえらみんな日本人の慰安婦になれ！」と面罵《めんば》した。

統一派からすれば、李登輝元総統は最大の敵とみなされている。彼は一九九六年三月六日、母校の淡水国民小学校一〇〇周年の講話で、「中国人社会は過去数千年来、ほとんどが互いに騙《だま》したり、騙されたりする社会だった」と話したが、そのことで反中国であると批判された。

「『認識台湾』における日本統治時代の記述で、日本の台湾近代化への貢献については三分の二も紙面を割いているのに、反日抗日について三分の一しかないのはけしからぬ。その本は李登輝と司馬遼太郎二人が共同編集したものだ。台湾独立の陰謀、台湾人が中国人になりたくないというイデオロギーの結晶だ。『認識台湾』ではなく、『不認識台湾』だ、

いないだろう。

たしかに、統一派が批判するように、『認識台湾』は李登輝史観であることはほぼ間違いないだろう。

もっとも、『認識台湾』は中華民国の体制維持を主張しているため、民進党や台独派からも次のような批判や疑問を投げかけられた。

「大多数の台湾人は漢人ではなく、血統的にも原住民の流れだ。中国からの台湾移民は、盲流であって、移民ではないだろう」

「台湾人は中国人ではない。台湾人と中国人は、同文同種ではなく、『同文異種』だ」

「中華民国の国民党軍は、米軍の日本進駐と同じで、台湾進駐軍ではないか」

「そもそもカイロ宣言、ポツダム宣言はただの『宣言』であって『条約』ではなかった。それを『条約』として、サンフランシスコ条約で台湾の中国返還を主張したというのは、歴史の捏造だ」

「戦後、日本が敗れて中国の支配に代わった台湾は、『光復』ではなく『再淪陥《さいりんかん》』（再びの地獄落ち）であり、『終戦』という用語のほうが、客観的にみて適切である」

「鄭王朝と清王朝の二三三年の台湾統治は、五一年間の日帝時代以上の搾取《さくしゅ》であったことを認識すべきだ」

「血統上からみた台湾人と中国人との関係は、韓国人、日本人と中国人との関係以上に遠い存在であろう」

「戦前、戦中の日本の皇民化政策だけでなく、戦後の国民党による漢人化政策も植民地としての傷跡であろう」などなど。

台湾人と中国人が共通の歴史認識を持てないのは、台湾人意識と中国人意識の対立だけではなく、中国では捏造された歴史ばかり教えているからだ。

台湾人は半世紀以上、中国意識を維持するために、中国の嘘にまみれた歴史をずっと教えられ続けてきた。

文化、宗教、言語、民族、国家、国民意識、さらにアイデンティティが違えば、歴史観だけでなく、人生観も価値観も、世界観も違う。

ことに中国人にとっては、歴史すなわち政治であり、政治すなわち歴史である。歴史にその名を残すことこそ、人生最高の目的である。

中華史観を継続的にすべての人類に押しつけることこそ、民族的優位性を確保し、優越意識を維持し続ける方法である。

だからいささかも中華史観・中華中心史観からの逸脱をしてはならない。もし決められた歴史認識から逸脱したら、すぐ正しい歴史認識をつきつけられるのが必定なのだ。

しかし台湾人は、嘘だらけの中国史には、あくまで同調、唱和するわけにはいかない。

こうした背景から、近年、台湾の新しい教科書をめぐる激しい対立が起こったわけである。

第五章　大東亜共栄圏は実現可能か

近代は「海の文明」を理解しないとわからない

ユーラシア大陸の歴史をみるかぎり、西洋でも、東洋でも、中洋（中近東）でさえ、歴史の主役、主流は陸にあった。大航海時代に至るまで、海からの力で陸を征服したことはまずなかった。

中世の時代に中洋を中心として急速に広がったイスラム教は、中亜から東亜までに広がり、西洋のイベリア半島までがその支配下に入り、さらに海を越え、インド洋や東南アジアの島々までもその影響下に入った。

近世、近代にかけて、ユーラシアの大陸を四分したオスマン・トルコ、ロシア、ムガール帝国、清帝国も、すべてハートランドの力であった。大モンゴル世界帝国の崩壊後、その後継国家として、近代に至るまで陸を支配していた。

一五、六世紀は、オスマン・トルコの時代と言われるが、トルコの艦隊が、中世南欧の諸都市国家と地中海を二分し、あるいは勢力を全地中海にのばした時代でも、やはり陸の時代であった。

北欧のバイキングが西欧大陸沿海を荒らしまわった時代も、明の永楽帝《えいらく》が鄭和《ていわ》に命じて七回にわたる南洋大航海を成功させたり、倭寇《わこう》が東亜大陸沿岸を荒らしまわっていた時代でも、陸の力を脅かすことはほとんどできなかった。

しかし中世が終わり、一五、六世紀からイベリア半島の反回教徒支配のレコンキスタ（グラナダ王国の支配）が終焉《しゅうえん》を迎えるにつれて、ポルトガル人とスペイン人が競って海に出るようになり、大航海の時代となると、陸の力はじょじょに衰退し、世界史の構造は変化しはじめた。

ただ、初期における西洋勢力の世界的な拡大は、ポルトガル、スペイン、さらに重商主義時代のオランダを加えても、新大陸や三大洋の島々にしか及ばなかった。たとえば、アステカやインカ帝国の滅亡は、その力の象徴であった。

しかし産業革命と市民革命以後の西洋列強の時代になると、ユーラシア大陸の世界帝国にも大きな脅威を与えた。ムガール帝国がイギリスの植民地に転落し、トルコ、ロシア、清帝国も、次第に衰退、二〇世紀の初期になってそれぞれの内部から崩壊した。それが二〇世紀初頭の陸の革命であった。

中世のイスラム帝国も、大モンゴル帝国も、その勢力拡大は、諸文明圏に接触し、あるいはそれを飲み込んでしまった。たとえば中華世界は完全にモンゴル帝国元の一部となった。その後の近世近代の世界帝国は、それぞれ伝統的な文明圏の辺境からモスクワ公国や後金国のような新興勢力が興り、独自の文化・文明の花を咲かせた。どの世界帝国も、東北亜から中亜、西南亜にわたる砂漠、草原地帯からやってきた辺境の民族によって築き上げられた世界帝国であった。それは砂漠の暴力や草原の暴力ともいわれる。

たとえば、東亜大陸の場合、いつでも北方から、あるいは西方からの騎馬民族によって侵入され、農耕地帯で数々の世界帝国がつくられた。匈奴《きょうど》、鮮卑《せんび》、五胡《ごこ》、契丹《きったん》、女真《じょしん》、モンゴル、満州人などがその代表的な民族であった。

もちろんこれらの北方や西方諸民族は、歴史学者がよくいうように、すべて中華文化に同化されたばかりではない。彼らも多くの文化、文明を運んできて、伝統的な中華文明にいっそう花を咲かせた。モンゴル人も満州人もそうだった。

ことにモンゴル人は中華世界の人流と物流の活性化に大きく貢献し、紙幣の流通は人類史上この時代が嚆矢《こうし》ともいわれ、近代資本主義発展の原点とまでいわれるほどだ。

しかしモンゴル人は中華に同化されることなく、今でも独自の民族として存在している。

ただ近世近代になると、ハートランドのパワーが後退し、陸は海からやってきたパワーに侵蝕《しんしょく》され、とうとうそれに抗し切れなかった。非西欧諸文明が、西欧文明に飲み込まれたのである。

もちろん、それは大艦巨砲に代表される西欧の物質文明だけではなく、精神文明もそうであった。だから中華帝国は二千余年来の一君万民制まで否定され、辛亥《しんがい》革命によって共和制が樹立された。さらに伝統文化の核心である儒教打倒を叫んだ。その代表的な運動は、五・四運動で、儒教の代わりに徳先生《デモクラシー》（民主）と賽先生《サイエンス》（科学）の受容が叫ばれたのだ。

このような陸の時代から海の時代への世界史の構造変化の歴史は、近現代史の誕生、成立過程でもある。

この歴史背景に基づかないかぎり、近現代史を語ることはできない。中華中心の歴史観だけで東亜世界の歴史を語ることは、時代錯誤、さらに偏見しか生まないことになろう。

海から陸へ押し寄せる近代化の波は、第二次世界大戦後、冷戦後、そして今でも続いている。戦後日本の経済大国化、アジアＮＩＥＳの興起、ＡＳＥＡＮ、そして中国の沿海都市へと波が押し寄せた。現在、その海から陸への波がもっとも顕著なのは、改革開放後の中国大陸における沿海から内陸への波である。「雁行《がんこう》現象」（あるいはその経済）ともいわれる。

東亜の歴史を語る場合、この海から陸への波が、いわゆる歴史の巨流であり、中国語で言われるところの「大環境」だ。その波から東アジア史の近代化がはじまる。そして海から陸へと波及拡散していく。

アヘン戦争も、日清戦争、日中戦争も陸の時代から海の時代へ変わっていく波浪のなかで起こった文化摩擦と文明衝突だろう。そこから陸のアジアと海のアジアの歴史をみなければならない。

東亜世界の混乱の原因は中華世界にある

一七世紀初頭前後、大東亜は旧秩序崩壊の時期であった。壬辰倭乱《じんしんわらん》から丙子胡乱《へいしこらん》の後は、朝鮮半島の天下大乱の時期であった。同時に明の時代も終わろうとしていた。万暦《ばんれき》の時代（一五七二～一六二〇年）には、明はすでに衰亡していたという見方もある。

明の崩壊後、大東亜の新秩序を再建したのは満州人の清帝国であった。

東亜世界は、王朝の衰退とともに天下大乱に近い状態に陥るということが、つねに繰り返されてきた。六朝（魏晋《ぎしん》南北朝）のように四〇〇年近く大帝国の再建ができない時代もあり、数十年や百数十年の天下大乱はあたかも法則のようなものだった。いわゆる「一治一乱」である。

そこから生まれた歴史観が、いわゆる「歴史は繰り返す」という「循環史観」である。見方によっては、天下大乱の時期はもっと長いと考えられている。たとえば、唐は玄宗《げんそう》皇帝時代の安禄山《あんろくざん》の乱以後、すでに藩鎮割拠の天下大乱の時代へ突入し、黄巣《こうそう》の乱以後は日本でさえ遣唐使の派遣を中止した。唐の後半から五代、南北宋の時代を経て、元の中国征服に至るまでの約五〇〇年間は、じつに南北朝の時代と類似した対立と争乱の時代であった。

そして、清の乾隆《けんりゅう》皇帝以後、一九世紀から二〇世紀前半の約一世紀半も、このような大乱の時代だった。

大中華旧秩序の崩壊現象によって、それまでの清朝支配下の属国は、次第に清国から離れ、あるいは西洋の植民地へと転落していった。ベトナムも、台湾も琉球も、朝鮮も、そしてその他の諸地域もそうだった。

もちろんそれだけではない。戦乱、飢饉《ききん》、匪賊《ひぞく》の跳梁《ちょうりょう》が時代とともに激しくなっていく。

一九世紀から二〇世紀の前半は、そういったアジア社会であったことを忘れてはならない。

アジア社会の近代化が遅れた背景はまさしくそこにある。そのような社会認識は、近現代史を語る場合には、あまり取り上げられていない。あたかも日本の大陸侵略によって、大東亜の旧秩序が崩壊したように語られるのがほとんどである。しかしそれは歴史の歪《わい》曲《きょく》であり、史実とはまさしく逆だ。

このような崩壊した大東亜の旧秩序を、じょじょに再建していったのが、海からやってきた日本であった。

海から陸へと押し寄せる秩序再建の波が台湾、朝鮮、満州、支那への近代化の波である。二〇世紀に入ると、戦乱も飢饉も、匪賊も次から次へと社会から消滅し、新秩序が再建され、安定社会が確立された。こうした日本による台湾、朝鮮、満州の新秩序をどうして見ようとしないのだろうか。

中国大陸は中華民国となっても、中華人民共和国となっても近代化が遅れていた。それは新秩序がなかなかつくれなかったからだ。

やっと秩序が回復してきたのは、文革が収拾され、改革開放の時代となってからである。それ以前の社会は、内戦と粛清の時代であり、飢えの時代でもあり、貧窮落後の時代でもあった。

そのような社会には、自主的な資本主義の萌芽《ほうが》が不可能だった。土地の所有権は明確化できず、社会が不安定で、土地をはじめとする産業投資ができなかったからだ。

東アジア社会は、日本を除いて、本源的な資本蓄積の社会条件に欠け、外からの資本投資がなければ経済的に成功できない社会だった。

だから一九八〇年代からの中国の改革開放路線は、建国以来の自力更生路線では中国を救えないと自覚し、毛沢東の「祖法」を否定して「資本主義の侵略」を熱烈歓迎したのである。

これほど東アジア社会の性格は簡単明瞭《めいりょう》であり、したがって、日本による大東亜新秩序の構築は至極当然かつ妥当なものであるのに、なぜそのことが無視され、日本の大東亜共栄圏構想は極悪非道のように蔑《さげす》まれるのか。

しかし、このような海のアジアから陸のアジアへと押し寄せる近代化の波は、東亜新秩序の再建とともにアジアをじょじょに変え、いまでもその波は続いているといえる。

東亜の近現代史についての叙述は、倒錯がじつに多い。たとえばマルクスは、アヘン戦争の結果、清国が内乱にみまわれたと説いたが、じつはその逆であった。すでに述べたように、はるかアヘン戦争の半世紀近くも前に、清国はすでに白蓮教《びゃくれんきょう》の乱によって帝国が終焉《しゅうえん》を迎えようとしていた。英使節マッカートニーが見たのは、匪賊と乞食だらけの社会だった。

日本の「侵略戦争」についての叙述もそうだ。あたかも日本の「侵略」により大東亜の伝統秩序が乱れたかのようにいわれているが、しかし、有史以来そうであったように、東亜世界争乱の元凶は中華世界にあった。それは中国史そのものが物語っている。一九世紀においてもその構図は相変わらずだった。中華世界の秩序が安定しないかぎり、大東亜新秩序の再建はありえない。

たとえば、中国が百数十年にわたる内紛をようやく終結させることができたのは、文革収拾後のことである。

開国維新以後の日本が国家として掲げていた最大の課題のひとつは、欧米露列強がつくったアジア秩序に対抗し、東亜大陸の新秩序を再建することにあったのだ。

さまよい続ける東アジアの国家と民族を導いた日本

東アジアや東南アジアにおける近代国家や近代民族の誕生は、西欧に比べかなり遅れ、現在も未熟であるといえる。

かつて唐の時代には、唐帝国の国際化の影響で、日本をはじめとする周辺の諸民族は独自の文字を開発し、独自の文化を強調した。またそのため、多くの新興国家が生まれた。たとえば、遼《りよう》、金、夏、突厥《とつけつ》、大理《だいり》、吐蕃《とばん》、大越《だいえつ》などがそうである。

これらは近代民族主義と区別するために、中世民族主義ともいわれる。

しかし近代国家との違いは、近代国家や民族は近代資本主義の発展過程で生まれた歴史の産物であり、近代になってからそれぞれ独自の歴史の歩みから生まれたというところだ。

決してそれほど古い歴史があったわけではない。

とくに、アジアの国民意識も民族意識も、日本をのぞいてそのほとんどが二〇世紀に入ってから生まれたものである。

自称五〇〇〇年の歴史があった中華民族意識でさえ、現在生まれつつあるものであって、いまだ熟成してはいない。これからも熟成の可能性はないかもしれない。

そもそもヒマラヤから雲貴高原、東南アジアに至るまでの地域は多種族多民族地帯で、多くの民族が棲《す》み分けて共生していた。現在ベトナムもミャンマーも五〇以上の少数民族があるのは中国と変わりはない。たしかに過去の歴史には、諸王朝の興亡があったものの、一九世紀になると東南アジアの全域は、ほとんどが欧米の植民地となっていた。

日本以外のアジアの国々は、第二次世界大戦後の植民地独立後から生まれたものがほとんどである。

それぞれ国民国家の国造りの過程で反植民地闘争の歴史があったことも事実であるが、それ以前の歴史について国家民族を語ることは、決して正しくない。なぜなら、それ以前の時代には、アジア諸地域の民衆は、国家の存在、民族意識があったわけではないからだ。

先駆けて国民国家と民族意識が生まれた日本は、自主自尊のできないアジアの悪友どもとの付き合いを謝絶し、脱亜、さらに入欧を決断した。それ以上、自主自尊ができない国々といくら付き合っていても、アジアの安定に何の役にも立たないからだ。

もちろん脱亜入欧論は、日本のアジアからの脱走であり、訣別《けつべつ》の道でもある。

一九世紀から二〇世紀にかけては、白人VS黄人、白禍VS黄禍意識の強い時代であった。

このような西洋VS東洋、白人VS黄人という対立思想の下に、人種論から文化論に至るまで論議ふんぷん、アジア諸国民の民族解放思想や独立運動と結びつき、大日本帝国の成長につれて日本を盟主とする大アジア主義が生まれたのである。

そのような時代は、もちろん小国主義では存在できない時代であった。列強の時代に、小国としての危機意識から生まれたのがアジア主義であり、超国家主義であった。

少なくとも二〇世紀の初頭までのアジアでは、列強から「自主の国」「主権国家」として認められていた国はまだなかった。日本、清国、トルコ、ペルシアでさえ「半主の国」とみられていた。「半主の国」以外には、タイのような緩衝国や世界の屋根のような秘境のチベットなどごく少数の人跡未踏の秘境をのぞき、「無主の地」として、ほとんど西洋の植民地となっていた。

「万国中最貧弱国」（かつて朝鮮国王を監督・指導したことがあった袁世凱《えんせいがい》の言葉）とみなされていた朝鮮は、清の属国として北京朝廷に送る「詔書」の文字一字を誤っただけでも一大事となる状態におかれていた。勝手に国権を弄《もてあそ》ぶ大院君のような最高実力者でさえ、北京朝廷の駐留軍から天津へ逮捕連行される有様だった。

だからアジアの近現代史を語るには、やたらに愛国者や祖国を云々《うんぬん》するものではない。民族や民族主義に至っては、有史以来から存在したものではないのだ。それは前述したように、中国も韓国もたいてい反乱軍や異民族の軍隊が自分の土地に攻め込んでくると「解放者」として迎え入れたことからもわかる。激しい抵抗は、あくまで例外なことなのだ。およそ中央集権体制国家の民衆が、新しい外来支配者を熱烈に歓迎する志向が強い。つまり、中央集権的な伝統秩序はあまり歓迎されていないのだ。

モンゴル人や満州人の「胡乱」も日本人の「倭乱」も、「義兵」の抵抗はあくまで例外的な話で、たいていは熱烈歓迎されたというのが史実である。

もちろん、それは中韓や台湾だけの話ではない。イギリス軍でさえ、インド征服のときには、イスラム教徒のムガール帝国支配からの解放者としてインド教徒から歓呼の声で迎え入れられた。

このように、アジアの国民国家も近代民族も、二〇世紀に入ってから生まれたものであり、民衆の国民的、民族的自覚は、いまだ未熟である。

現在の中国や韓国での歴史叙述は、いかにも反日抗日、反米反帝のような愛国的、英雄的闘いをしたという民族的誇りが語られているが、たいてい嘘八百の創作がほとんどである。

「日本は大東亜戦争を避けられた」という説は本当か

大東亜戦争はアジア侵略戦争であり無謀な戦争だったと、戦後、徹底的に批判、非難されてきた。

しかし大東亜戦争は、はたして計画的侵略戦争であったかどうか、はたして避けられる戦争であったかどうか、その戦争に至るまでの遠因、近因について究明され、本質的に論じられなくてはならない。

いわゆる帝国主義戦争論として、その「必然性」、つまり「不可避性」を論じたものは、進歩的文化人が従来心酔しているマルクス・レーニン主義的「帝国主義論」が代表的であろう。

これは、帝国主義の「最高発展形態」である金融資本主義の搾取的性格から侵略戦争は避けられないと、その「必然性」を論じたものである。もちろん帝国主義国家とは、社会主義の祖国たるソ連をのぞく欧米日列強を指すものであった。

だからソ連は第二次世界大戦を「大祖国防衛戦争」とし、日本敗戦直前に日ソ不可侵条約を破って日本に侵攻したことまで「防衛戦争」だとうそぶいていた。

このような一方的なイデオロギーによる決めつけではなく、大東亜戦争がはたして避けられたかどうかということを考える場合は、第一章で述べたように、小国日本がなぜいつも超大国と戦争をしなければならなかったかということから歴史を追ってみなければならない。すべてにおいて勝算があっての戦争ではなかった。しかし無謀な冒険的な戦争というものでもなかった。

日清戦争以来、日本の一連の対外戦争は、すべて突発的なものではなく、戦争に至るまでの長い道のりがあり、歴史的な積み重ねがあったのだ。

たとえば、「盧溝橋事件」(一九三七年七月七日)を戦争の直接原因と説明する論議がある。しかし、盧溝橋事件は日中全面戦争のきっかけとなったことは事実であるが、それだけが日中戦争の原因ではない。

一九三一年の満州事変以来、盧溝橋事件以上の日中双方の武力衝突はいくらでもあった。第一次世界大戦中の日本軍の山東半島におけるドイツ軍との戦争から蔣介石の北伐まで、日中双方軍隊の武力衝突も少なくなかった。

第一次と第二次張北事件、熱西事件、済南事変(一九二八年、北伐中の国民革命軍一〇万人対日本済南派遣軍三五〇〇人の武力衝突)もそうであった。それでも全面戦争への発展はなく、いずれも日中双方の協定によって事件が解決された。

盧溝橋事件が解決されなかったことが日中戦争の直接原因であり、盧溝橋事件が直接の原因ではないのだ。

だから日中戦争については、一五年戦争や七〇年戦争、一〇〇年戦争であるという論議もある。

大東亜戦争は「軍国」の膨張主義によって、日本の軍部・軍閥が戦争と侵略を繰り返してきたという論議が一般的である。しかしそれは大きな間違いだ。

大東亜戦争には政治的、軍事的、外交的、経済的、思想的に多くの原因があった。その大きな背景に、共産主義の「赤化」という二〇世紀の巨流という歴史の背景もあったことは事実であろう。

明治維新以降、大日本帝国ははじめロシアの脅威から国造りに腐心し、日露戦争がそのクライマックスとなった。

やがてロシア革命後の「赤化の脅威」でまた悩み続け、「防共」が軍事的イデオロギーとして、日ソの緊張が続いた。満州事変の背後にも、日華事変の背後にも、コミンテルンや共産主義の世界戦略や勢力拡大があり、共同防共が日中の課題だった。また、日独防共協定や日独伊三国同盟も「防共」が共通課題であった。

国際共産主義に日本の共産化、世界赤化の戦略や誘導があったことは明らかだ。それは、戦後もずっと続いてきた。戦後の進歩的文化人が展開してきた日本世論の誘導もそうであろう。このことはすでに一般民衆の常識となっている。

だから、満州事変も日華事変も、日本が大東亜を「赤化」から守ったという側面があるのだ。

大東亜戦争に至るまでの日米交渉の決裂にも、中国に対する防共駐兵の争点があった。日露戦争以後の日本の国家戦略は、おもに対ソ戦略を想定して、日本陸軍主力も、関東軍を投入して対ソ戦に備えていた。シベリア出兵がその象徴的な事例であった。

それなのに、北進ではなく南進し、突如、対ソ戦略から対米英蘭に転進し、大東亜戦争に突入したのは、スターリン指導のコミンテルンの謀略があった。三田村武夫氏の『大東亜戦争とスターリンの謀略』には、天皇制廃止、日本赤化、日本と米英の離間工作など、日本国内の共産主義者の誘導と謀略があったことが克明に描かれている。

そして、共産主義に誘導され、仕掛けられたのが日中戦争であった。盧溝橋事件だけではなく、孫文時代のヨッフェ、ボロディンなど、コミンテルン支配下の国共合作の時代から、反日・抗日VS「暴《ぼう》支《し》膺懲《ようちょう》」という構図をあおった仕掛け人は、中国共産党だった。その最大のシンボルが「一致抗日」の転機となった「西安《せいあん》事件」であった。

それ以後の中国共産党が「日中戦争」を利用して勢力を拡大し、国共内戦に勝ち人民共和国を樹立、そして毛沢東が日本に感謝の言葉を述べるまでの一連の史実をみれば、日中戦争の最大の受益者が中国共産党だったことは間違いない。そのことからも、中国共産党が日中戦争を仕掛けたことは疑いようがない。

だから日中戦争で負けたのは日本だけではなく、汪精衛《おうせいえい》の南京政府、そして蔣介石《しょうかいせき》の重慶《じゅうけい》政府も負けたといえるだろう。

もちろん共産主義との対決は、戦後も引き続き日本の政治的課題となり、冷戦に振り回された。ポスト冷戦の今日までも、日本は中国社会主義の最終防衛戦略に振り回されている。

以上のように、日本は決して好んで日中戦争へと突き進んだわけではなかったのだ。では、日米戦争ははたして避けられたかどうか。いずれにせよ、持たざる日本には避けられない運命であった。

いくら日本が腹を割り、話せばわかると願っても、アメリカは問答無用だ。ハル・ノートといえば、よく知られる日米開戦を決定づけた文書である。中国からの全面撤退をつきつけられた日本は、米の宣戦通告と受け取り応戦した。

「おとなしくハイハイと『ハル・ノート』をのめばよかった。『全面撤退』は、牛歩戦術でゆっくりと時間をかけて行えばよかった」という後知恵もある。しかし、それは好戦国家の米中を甘くみているといわざるをえない。

要するに日本は狙《ねら》われていたのであって、米国は日本を叩《たた》く理由をいくらでも出してきただろう。

たとえば、台湾人は誰も好き好んで戦争をしたいとは思っていない。しかし中国は「絶対武力行使を放棄しない」と理不尽な難くせをしかけ、喧騒《けんそう》するためにいくらでも理由を持ち出してくるのだ。

国それぞれの仕組みと生き方はさまざまだ。はっきり言って、武力でしか国を維持できない国と平和だけで国を維持したいと思っている国では、それぞれの国の原理が違うのだ。そのことは、人類の歴史が教えてくれる。

たしかに日米は日露戦争後、ことに満州事変後、不協和音が増大した。日中紛争をめぐる日米対立、日独伊三国同盟、そして「ハル・ノート」となって決定的となった。

しかし、どうみても日本は米英と戦わなければならない理由はなく、米英を侵略する理由もない。

やはり日米の戦争は、しかけられた日本の逆襲だった。

インドのパール判事は、東京裁判で、「もしハル・ノートのようなものをつきつけられたら、モナコでもルクセンブルクのような小国でも立ちあがる」と、日本を擁護したのは有名な話だ。

コーデル・ハルは、米ルーズベルト大統領時代の国務長官で、「国際連合の父」と呼ばれ、一九四五年のノーベル平和賞受賞者でもある。

ハル・ノートを書いたのは、ハリー・ホワイト財務次官で、戦後になってソ連スパイだったという嫌疑もあった。最近になり、ソ連の指示で書かれたという疑いを裏づける史料が出てきて、世に知られるようになった。

もちろん、日米開戦の理由はそれだけではない。

パール・ハーバーの奇襲はしかけられたもので、ルーズベルト大統領の陰謀だという説もある。その経過を追って詳細に解明する著作もある。

戦争とはそんなものであろう。

最近では、パール・ハーバー奇襲の前に、米は、中国機に偽装して日本爆撃の計画を立てていたというショッキングな事実も発覚し、話題となっている。

今まで一九四一年一二月八日の日本軍機による真珠湾攻撃は、卑劣な「奇襲」「宣戦布告なき戦争」とされてきたが、じつはその五カ月以上も前、米にはすでに「日本本土爆撃計画」が密かに存在していた（「産経新聞」九九年七月一五日、前田徹ワシントン特派員）。

日中戦争に対して、米は中立ではなく、すでに一九四〇年一一月三〇日に、国民党政府に対し、一億ドル借款の提供を約束していた。

米国立公文書館で発見された『モーゲンソー財務長官の回顧録』には、一九四〇年一一月ごろ、「中国軍を装った米海軍を投入し、ビルマルートを防衛する」構想があり、一九四一年七月二三日には日本本土爆撃を正式に署名した、と記されている。

その航空部隊は「フライング・タイガー」である。台湾では「飛虎隊」と呼ばれ、米陸軍航空師団のシェンノート（中国名・陳納徳）元大尉が創立した。中華民国空軍の前身であり、中核でもある。日中戦争当時、義勇軍として参加した米民間人ボランティアパイロットが中心となっていた。

月給六〇〇ドルから七〇〇ドルという軍隊時代の三倍以上の高給と日本機一機を撃墜するたびに五〇〇ドルのボーナスを支給するという条件で、計一〇〇名のパイロットと二〇〇名の地上要員を募集した。

具体的には、三五〇機のカーチス戦闘機と一五〇機のロッキード・ハドソン長距離爆撃機を使用、九月に実施可能と予定していた。

計画が遅れたのは、欧州戦線に大量の米爆撃機が必要で、中国輸送を延期したことによるものだった。いや、ルーズベルトが対日武力行使の口実に四苦八苦し、日本に先に手を出させようと、あらゆる手を尽くして画策していたためかもしれない。

中国支援という理由による日本への先制攻撃の本当の目的は、ただ将来の「巨大な中国市場」を確保するための「国益」からであったということが、国立公文書館で発見された日本空爆計画の統合計画委員会報告「JB355」文書に明記されている。

余談だが、この「フライング・タイガー」は宋氏三姉妹の宋美齢《そうびれい》とは関係の深い空軍部隊で、戦後その部隊の一部が台湾の航空会社CAT（宋美齢派の私産のような会社）を経営、事故が多かったので、蔣経国《しょうけいこく》派に潰《つぶ》され、宋美齢派が追われ、現在中華航空（CI）に変身した。

いずれにしても、アメリカは日本を戦争に引きずり込もうと躍起になっていたのは疑いようがない。

日本が戦争を回避できたかどうかは、もっとグローバル的に、「万国対峙《たいじ》」という「列強時代」の歴史背景から考えなければならない。

大東亜戦争に至るまでの日米対決が避けられるかどうかは、日本が第一次世界大戦や第二次世界大戦をはたして避けられたかどうかということから歴史をみなければならない。

第一次世界大戦は、遠く遠東にある日本だけでなく、段祺瑞《だんきずい》政権時代の中国でさえ避けられなかった。もちろん、中国政府が日本に誘われ、圧力をかけられて参戦したのではなく、国益としての計算もあった。

第二次世界大戦も、日中とも避けられない運命だった。それが時代の潮流というものだ。それは持たざる小国日本としての宿命であろう。だから自存自衛の戦争という日本の主張は、決して自己正当化の嘘《うそ》ではない。

じっさい、マッカーサーは、一九五一年の米上院外交委員会と軍事委員会の合同会議において、日本の太平洋戦争にいたるまでの軍事行動を「正当防衛の戦争」であったと証言している。

持たざる小国日本は、米英とは違い、大東亜との共存共栄以外には、生きる道をみいだせなかったのだ。軍閥や軍部の暴走ばかり非難されるべきではない。

もしかつての日英同盟のように、外交戦略として日英同盟を続けていれば、「日独伊三国同盟」の愚行さえなければ大東亜戦争には至らなかったという論議もあるが、それは相手もその気持ちがあってこそできるものだ。日本の大東亜戦争に至るまでの道が誤った選択だったわけでは決してない。

世界から評価されている日本の「東亜の解放」

第二次世界大戦後の世界の大きな流れの一つとして、世界各地の植民地の解放運動がある。そのきっかけが大東亜戦争であり、東南アジアにおけるＡＢＣＤ（米英中蘭）の植民地は、日本軍に占領されたことで白人支配下から解放され、新国家の国造りが始まった。日本が戦争に負けると、戦勝国として一時的に白人が植民地に戻ってきたものの、もはや過去と同じように支配を続けていくことはできなかった。そしてこの東南アジアの植民地独立が、新しい時代の潮流として地球上のすべての植民地に拡散していった。これが第二次大戦後の世界史の一大特色である。戦勝国であろうと敗戦国であろうと、列強が次から次へと植民地を失ってしまったのは史実である。

戦後、日本が掲げた「東亜の解放」は戦争目的ではなく、ただの大東亜戦争を遂行するためのスローガンであり、植民地の独立は単なる戦争の結果に過ぎないとされ、さらには侵略こそが戦争目的だったという考えが支配的となった。

開国維新以来、「持たざる国」日本に東亜の解放を行えるほどの実力がなかったことは事実である。「東亜の解放」だけが「大東亜戦争」の目的ではないことも真実だろう。

しかし、国家目的として「東亜の解放」があったわけではないが、東亜との共存共栄がなければ日本の国家としての生存権が守られないという考えは一般的だった。そこから生まれたのが大東亜共栄圏の構想であり、それを実現するために、「東亜の解放」が必要不可欠な手段となったのだ。

少なくとも日本の開国維新の前からすでに、西力東来に対する危機意識からそのようなアジアの解放意識が存在していた。戦争目的の全部ではなくても、その目的の一つであり、手段の一つでもあるのだ。

だから、「大東亜共栄圏」や「東亜の解放」は、ただただ「国家膨張のイデオロギー」、「資源略奪を行うための口実」、「侵略のための粉飾」でしかない、という解釈は間違っている。

じっさい、昭和一六年以降、日本軍の一撃によって、東南アジア全域で、数百年にわたる西欧の植民地支配は崩壊し、日本軍主導による「東亜新秩序」が樹立されたのは歴史の事実である。

フィリピンでは、一九四三年一〇月にホセ・ラウレルを大統領としてフィリピン共和国が樹立された。

一九四四年三月に、日本軍は仏印（インドシナ）への進駐によって仏軍を武装解除し、前アンナン皇帝であるバオダイ帝を擁立して独立宣言を行わせた。

ミャンマーは一九四二年に独立運動家バー・モアを中心に行政府を成立させ、四三年八月にラングーンで独立式典を行った。

インドネシアもマレーシアも、独立が遅れたものの、インドネシア義勇軍（PETA）をつくり、マレーの地で「昭南興亜訓練所」から「マレー興亜訓練所」を設立、独立の基礎とした。

インド独立運動については、シンガポールに自由インド臨時政府を設立し、インド国民軍（INA）をつくり、インド独立のためのインパール作戦までを断行し、日本軍は多くの犠牲者を出すこととなった。

戦後、インドの独立に大きな影響を与えたのは、インド国民軍に対する戦勝国イギリスの軍事裁判であった。

インド国民軍の将校を含め、二万人に近い軍人たちが裁判にかけられたため、暴動が各地で起こり、英印軍のなかのインド兵まで反乱に加わった。イギリス政府はやむをえず一九四七年五月、デリー軍事裁判の中止を発表し、将校全員を釈放した。同年八月一五日、インドは二〇〇年にわたるイギリス統治から独立したのである。

当時、主席弁護士を務めたインド法曹界の長老、パラディ・デサイ博士は、裁判で召喚された光機関長磯田三郎中将、ビルマ方面軍参謀長片倉衷中将ら日本の軍事関係者や外務省関係者の前で、堂々とこう語った。

「インドはまもなく独立する。この独立の機会を与えてくれたのは日本である。インドの独立は日本のお陰で三〇年も早まった。

インドだけではなく、ビルマもインドネシアもベトナムも、東亜民族は皆同じである。インド国民はこれを深く心に刻み、日本の復興には惜しみない協力をしよう」

東亜の解放について、日本の役割を否定する言論が多く、無理やりに「アジアの侵略」と決めつける史論も多い。しかし、全面否定はできないものだ。

米のJ・C・レブラ教授は、『東南アジアの解放と日本遺産』のなかで、東南アジア全域の独立運動について、日本軍占領期間中に身につけた自信、軍事訓練、政治能力が西洋植民地支配に対抗する決定力となり、「日本による占領下で、民族主義、独立要求はもはや引き返せないところまで進んでしまったということを、イギリス、オランダは戦後になって思い知ることになる」と評価している。

大東亜戦争中の日本軍の東南アジア快進撃については、よく前期と後期に分けて説明される。前期は解放者として歓迎されたが、後期になると欧米の代わりにやってきた支配者とみなされ、抵抗運動や反乱が絶えなかったというものだ。しかしそれは決して正確な歴史認識とはいえない。

日本軍が東南アジアへ進撃し始めたのは昭和一六年になってからである。そこから敗戦に至るまで、長くてもたったの四年である。前期も後期もあったはずがなかろう。あたかも「疾風怒濤《どとう》」のごとく、あっという間に欧米の支配者を追い出し、あっという間に去っていった。しかも「戦時下」という事態から、当時の東南アジアの状況を考えなければならない。

日本人というのは極めて実直な民族で、外交がへただから表現も不得手、東南アジアでも熱烈歓迎の熱が冷めれば、嫌な存在に変わったことも想像できる。

しかし長く処すれば不二の戦友にもなろう。明治維新以来、支那革命だけでなく、アジア各国の独立運動に「同生共死」の不二の戦友として、生命を賭《か》けた志士たちがなんと多かったことか。そこからも日本人の民族性の一端がうかがえる。

日本がなくても、東南アジアは自力で白人支配者を追い出し、すぐにでも独立できたという主張は、ほとんど歴史を知らない空論だ。

一八九八年の米西戦争後、アメリカはフィリピン独立を約束したものの、いつまで経ってもフィリピンは独立できなかった。第二次世界大戦後、アメリカが朝鮮半島三八度線以南を軍政によって占領したものの、韓国が米からの独立を許されたのは、三年後となった。中国はチベットの農奴解放を口実に軍事占領を行った。しかし、今日に至っても、軍事占領下のままである。

大東亜戦争は、日本が欧米植民地支配者をアジアから追い出し、大東亜の歴史だけでなく、世界史を変えたのは事実である。

あの高名な文明論者、アーノルド・トインビーは、日本人が歴史に残した功績の意義について、「アジアとアフリカを支配してきた西洋人が、過去二〇〇年の間信じられてきたような不敗の神でないことを、西洋人以外の人種に明らかにしたことである」(一九五六年一〇月二八日付の「オブザーバー紙」)と指摘している。

シンガポールが陥落したとき、イギリス亡命中のド・ゴールもそれをアジアの白人帝国の終焉として日記に書き記していた。

数百年にわたる西洋植民地体制が日本軍の一撃でもろくも崩壊した。アジア諸民族からすれば、神にも近い位置に君臨していた白人が、ついに負けたのである。

日本の平和運動者が犯した平和に対する大罪

戦後日本人が行った運動のなかで、もっとも滑稽《こっけい》にして風変わりなのは、平和運動ではないだろうか。

もちろん、いかなる時代であろうと反戦運動や平和運動はある。ベトナム戦争時代には、アメリカをはじめとした各国で一時的に世界的な反戦運動が沸騰した。

私個人の体験から考える平和運動とは、生命の危険をともなうものだ。そうした例はいくらでもある。

たとえば国共内戦当時、反戦の名士は暗殺、逮捕、銃殺の覚悟がなければ、運動どころか発言さえできなかった。台湾の小説家・楊逵《ようき》は、「上海大公報」に内戦終結を呼びかける一文を綴《つづ》っただけで一五年の禁固刑を宣告されたというのはよく知られた話だ。このような厳しい環境から平和運動の役割について考えなければならない。

そもそも平和運動というものは、交戦相手国や武力行使を公言する者に対して行うもので、自国の平和を云々するものではない。それが常識である。

しかし日本の平和運動者は、国内弾圧や対外武力行使もしていない日本政府に対して反戦平和を叫び続けている。まさしく滑稽そのものだ。

戦後半世紀以上、日本には内戦もなければ対外戦争もなかった。日本の平和主義者は誰もが平和国家の温室に浸《ひた》り、ほとんど生命の危険などなかった。

しかし日本の隣国を冷静にみたらどうであろう。朝鮮戦争、ベトナム戦争があった。中国では国共内戦から文革に至るまで、ほとんどの中国人には、その争乱からの逃げ場がなかった。対外的にも中印、中ソ、中越と戦争、紛争続きだった。

現在でも北朝鮮は、「ソウルを火の海にするぞ」「東京を火の海にするぞ」とわめき続けている。中国では、国防費の連年二ケタ増、ミサイル兵器の開発、核や中性子爆弾の威嚇発言があり、台湾に対してはすでに一〇〇〇回以上、武力行使を絶対に放棄しないと嚇《おど》かし続けている。

冷戦終結後でさえこのような国際情勢下であり、北朝鮮も中国も「人民」が「平和」を口にしないどころか「最後の一滴の血を流すまで、戦い続ける」と息巻いているのだ。

隣国がこのような状態なのに、それでも日本国憲法前文には「平和を愛する諸国民の公正と信義に信頼して」と書いてあるぐらいだ。ましてや日本の平和主義者の滑稽な無神経ぶりは、「恥の文化の国」の民とは思えない。こちらが赤面せずにはいられない。

少なくともこういう対照的な日本と近隣諸国の社会背景下で、平和運動者は何をなすべきか考えなければならないのではないだろうか。

日本人の平和運動者はほとんど内弁慶で、平和を乱すものに対して無力であるどころか、むしろその気勢を助長させている。

だから平和主義者が「日本人の良心」を自任するのは明らかに軽薄であり、詐欺だ。中ソの代弁者として嘘を振りまく連中だ。

かつて、南太平洋ムルロワ環礁で行われたフランスの最終核実験に、武村大蔵大臣とさきがけの国会議員一行がわざわざ南太平洋まで出向いて反対したことが話題となったが、同じ核実験でも隣国である中国の核実験には反対しない。勇気ある行動を取るならば、ついでに香港に立ち寄り、中仏双方の核実験に反対すべきだろう。

フランスと中国のどちらが日本に対する「平和の脅威」があるかといえば、圧倒的に中国のほうだ。それは隣国だからではなく、中国の核兵器は瀋陽《しんよう》軍区に据えられ、日本列島はすべてその射程距離内にあるからだ。しかも「二〇発撃てば、日本はこの地上から消える」と中国は豪語している。

中国は日本を仮想敵国とみなしており、アメリカ覇権主義、日本軍国主義、台湾分裂主義をしきりに非難してきた。二一世紀も東の日本と西のインドが二大敵国となると考えているのが現実である。

日本の平和主義者の狙いが、日米安保解消や軍備増強阻止にあることはみえみえだ。少なくとも中国の対外平和工作者の任務はそこにある。

誰からみても、平和を乱す相手には反対しないで、反政府運動としての平和運動ばかりを行うという者たちは、昔の中国の「買弁」（西欧商人の代理人）と同じ売国奴である。だから日本の平和運動者は軽蔑《けいべつ》されるのだ。

日本人だけが核アレルギーを持つと言われるが、たしかに日本人以外はそうではないどころか、むしろ核を欲しがる。インドもパキスタンも核実験を強行し、イラン、イラクをはじめ、非核保有国は核保有への衝動を起こしている。

台湾の核開発は、関係者の米への亡命によって発覚した。現在でも厳重監視下にあるものの、二〇〇〇年の総統選挙では、建国党候補の鄭邦鎮《ていほうちん》（当時の党主席）教授が核開発を公約していた。中国の核、中性子爆弾の威嚇に対抗し、台湾の生存権を守ることで選挙民の支持を得ようとしていたのだろう。

日本は核を持たないだけでなく、ＴＭＤ構想の参加までを中国に反対されている。日本国民の生存権は、隣国から認められていないのだ。

日本では平和を叫ぶには勇気を必要としないが、核保有を主張することには勇気がいる。数いる国会議員のなかで、核保有の必要性の再考を主張するのは、西村真悟氏一人だけだ。

このような勇気ある日本人が、なぜこうも少ないのだろうか。

七九年、鄧小平はアメリカ訪問からの帰国途中に日本へ立ち寄り、公然と「ベトナムを懲罰する」と豪語した。イラクのフセイン大統領がクウェートに侵攻したとき、日本の平和運動者はいったい何をしたのだろうか。やっぱりどうにもならなかった。日本の平和運動者は、無力というよりも弱者いじめばかりしているのではないだろうか。

一九二八年には、六三もの国が参加してケロッグ・ブリアン協定という不戦条約を締結した。当時では、世界のほとんどすべての国家が参加したともいえる。三二年から三三年にかけて国際連盟主催の世界軍縮会議に六〇カ国が参加した。

もちろんそれ以外にも「平和投票」「全面軍縮」「戦闘機全廃」「兵器製造販売禁止」など、人間の考えうるあらゆる平和運動を展開したが、皮肉なことにそれが原因で逆に第二次世界大戦をもたらすことになった。

ソ連の近代史をみると、不可侵条約を結んだ直後に、すぐ侵攻戦争を行っている。仏教国家チベットは中国と平和協定を結んだ途端、中国に軍事占領された。

『戦国策』『韓非子《かんぴし》』に出ている「平和」とは、たいてい敵国にしかける必勝の戦略である。中国史において、平和運動者とは、たいてい「愚者」か敵のスパイ、漢奸《かんかん》（売国奴）としかみなされていない。金と平和条約を結んだ宋の宰相・秦檜《しんかい》はその代表的な人物だ。

台湾の世論調査では、もし中国が侵攻してきたら、「武力をもって闘う」と答えた者が七〇%もいる。日本の場合、同様の調査では国を守ろうとする人は極めて少なく、白旗でも赤旗でも掲げて、抵抗せずに敵を迎えようとする人さえいる。

「武器を取るぐらいならば、われわれ日本人は全滅するほうがましだ」という絶対無抵抗主義者もいる。もちろんそれは玉砕主義者ではない。

最初から何の努力も抵抗もせずに敵に降伏するつもりの人間は、自らの運命を他人に預け、無気力な人間として、人権を守れないどころか、生存権さえ放棄するものとみなされる。現在の日本社会は、そういう滑稽な平和的人間が多すぎるために悪人が跳梁《ちょうりょう》し、社会の安定が保てず、生命財産も守れなくなり、亡国の兆しをみせているのではないだろうか。

「大中華共栄圏」の虚妄と「大東亜共栄圏」の可能性

八〇年代の改革開放以後、「大中華共栄圏」や「大中華経済圏」という言葉がマスメディアに登場し、九〇年代以降には「二一世紀は中国人の世紀」と騒がれた。

中国経済が脚光を浴びた理由は多々ある。文革以後の中国は、自力更生から一変して改革開放政策が取られると、平均九％の経済高成長を遂げた。ことに九〇年代は六・四天安門事件の挫折《ざせつ》から一変して好景気にみまわれ、二ケタの経済成長が数年続いた。

巨大市場への夢から大中華共栄圏が喧伝《けんでん》され、一時は中国の日本列島買いが始まっているという話も出たくらいであった。

しかし東アジアの通貨・金融危機が起こると、バブルは一気にはじけ、中国の人民元切り下げ論も盛んに伝えられた。大中華共栄圏の話も、砂上の楼閣、いや蜃気楼《しんきろう》として、いつしかどこかへと消え去ってしまった。

もちろん、大中華共栄圏の物語は、決してそのまま永遠に消えてしまうわけではない。ここ一〇〇年あまりの中国の歴史を振り返ると、こうした夢のような話はこれからも何度かまた浮上してくるだろうことが予見できる。なんといっても、それは中国人の夢だからである。

はかない夢であっても、中国人の生きる勇気は、むしろその夢によって支えられてきた。それゆえ百数十年にわたる戦乱と飢饉、文革のような逃げ場のない動乱でもめげずに中国人として生きぬき、その夢を将来に托《たく》し、次の世代に期待を寄せてきたのだ。

中国では「愚公移山《ユイコンイシャン》」（愚公、山を移す）を中華人民共和国の建国の精神とした。毛沢東のいう「一窮二白」、つまり、無学無知にしてすかんぴんの社会から国をつくりあげる精神として、一時日本人まで、「愚公の精神」をもてはやした。

もちろん過去においては、歴史としての大中華共栄圏は決して夢の話ではなかった。中国歴代王朝の興亡史において、大中華共栄圏が盛えた時代も何度かあった。たとえば漢の文帝、景帝、唐の太宗《たいそう》、玄宗《げんそう》、清の康熙《こうき》、雍正《ようせい》、乾隆《けんりゅう》の時代には、大中華共栄圏に花が咲いた。

しかしそれは、数百年に一度あるかないかだ。九〇年代の中国の好景気は、江戸の元禄《げんろく》時代にも遠く及ばなかった。もちろん、近いうちに大中華共栄圏が現れるという期待も、ほとんど絶望に近い。その理由は多々ある。

まず大中華共栄圏の実体とは、中国、台湾、香港を中核としてさらに拡大し、シンガポール、東南アジア、欧米の華人、華僑《かきょう》までを含む華人経済圏という構想と理論である。

しかし中国本土だけが社会主義市場経済、その他の地域とはすべて政治、経済体制が異なっている。一国二制、三制、四制にしても共存共栄できるかどうか、それを証明した歴史はない。つまり人類史上未曾有《みぞう》の大実験となろう。

華人だけの共栄圏という点も問題が多い。たいてい華人、華僑は根なし草で、独自のネットワークがあるものの、密室的な人間集団で、自分の周りの人間が早く死ぬことを期待し、よそ者に冷たく、そして人間不信である。つまり他人の不幸を土台に生きている民族である。だから文化的には、共存共栄できない民族といえる。

そのうえ、日米ほど資本や技術を持っていない。中国の経済は、ほとんどが日米を中心とする資本と技術の移転による他力本願の経済成長である。仮に大中華経済圏や共栄圏が出現しても、外からの資本や技術、情報までが流入しなくなり、大中華共栄圏そのものが竹のカーテンに閉じ込められて干上《ひあ》がってしまうのが必至である。

だから絶望的なのだ。

一方、大東亜共栄圏には大いに実現の可能性がある。なぜならそれは「大中華」という自己中心的、自国中心的中華思想からくるものではなく、共存共栄という非中華的な思想からくるからだ。

その共存共栄の思想の背後に、仏教の衆生や神道の共生の思想がある。

EU統合には、「ローマ帝国を復活したい」という思想が根底にあったことはたしかであるが、その構想は岡倉天心の「アジアはひとつ」と「大東亜共栄圏」思想の「刺激的伝《でん》播《ぱ》」からきているということを、EC創設の父といわれるオーストリア人の国際法学者、クーデンホーフ・カレルギー伯（一八九四～一九七二年）も自ら語っている。

大東亜戦争中の「大東亜共栄圏」が失敗したのは、単に軍事的、政治的な原因だけからではない。未熟だったからである。

もちろん未熟というのは日本だけではない。大東亜全域も未熟であった。考えてみれば、ECからEU統合までは半世紀もかかった。それでも、二〇〇〇年来のローマ帝国の復活という夢に加えて、西欧としてひとつになって共同の生存権を確立しなければならない「冷戦」という時代の必要性があった。このような歴史条件からじょじょに熟成されたのがEUである。

欧州に比べ、東亜は歴史的には天朝朝貢秩序という支配的関係しかなかった。垂直関係以外に、水平関係を絶対に許さなかったのは、中華思想が「天下王土に非らざるものなし」、「天に二日なく、地に二王なし」という絶対的な天朝秩序の思想だからだ。アジア史上、国家間として最初に生まれた水平的思想が、「大東亜共栄圏」である。それは大東亜支配の歴史から解放するという思想だけでなく、共存共栄の社会の創出をめざす超国家的思想でもある。

ヨーロッパはローマ帝国の時代にはひとつであった。しかし東南アジアや大東亜には、かつてひとつの国であったという歴史はなかった。西欧に比べても、文化、文明をはじめ多様的で、近代的社会としても未熟であり、そこには近代市民も、近代国民国家の国民もまだそれほど存在していなかった。ましてや戦前と戦後という大きな時代の相違もある。

このような時代の背景下では、「大東亜共栄圏」という構想をつくり上げただけでも、東亜史上、破天荒なことであるといえる。大東亜戦争の終結によって、大東亜共栄の夢は消えたものの、その理念や理想は残る。そして醱酵《はっこう》しつつあるのだ。

戦後、大東亜共栄圏の思想がいくら魔女狩りのように批判され、皮肉られても、歴史の流れとしては実現しつつあるのだ。否定されるよりも推進されつつある。冷たい日本とは違い、その旗手は逆にマハティールのような東南アジアから出ている。

だから大東亜共栄圏は決して夢ではない。

「文明の衝突」は本当に起きるのか

近代思想や普遍的価値といえば、すぐ個人主義、合理主義、民族主義、資本主義などが連想される。以上のような思想や価値観は、すべて近代的西欧文明の歴史的産物で、近代的西欧の価値体系のひとつでもある。

つい最近、一時的に「アジア的価値」がもてはやされていたこともあったが、東アジアの金融・通貨危機とともにいつしか人気がなくなり、開発独裁とともに消え去ってしまった。

近代国民国家の誕生は、こうした近代的西欧の価値体系の拡散から生まれた近代的歴史産物といえよう。

国民国家の数が急に増えていったのは二〇世紀に入ってからのことである。二〇世紀初頭の前近代的世界帝国の崩壊（たとえばオスマン・トルコ、ロシア帝国、オーストリア・ハンガリー帝国）、中葉の植民地帝国の崩壊、さらに九〇年代の社会主義帝国の崩壊によって、その数が急増した。

たとえば、一八一四年、ナポレオン戦争後の戦後処理のために開かれたあの有名なウィーン会議当時、ポーランドは独立したかったが許されなかった。イタリアでさえ、オーストリアの首相メッテルニッヒに言わせると、「ただの地理的名詞」。ドイツもその国家が生まれたのは、普仏戦争に勝ってからである。

二〇世紀に入っても、国民国家はまだまだそれほど多くなく、第二次世界大戦後でようやく六〇前後、しかし植民地解放運動の結果急増をし、半世紀の間で三倍となり、現在、すでに約二〇〇に達している。三〇〇になると国連運営が困難になるとも心配され、なんとか阻止しなければならないという意見もある。

「国民国家」という「国のかたち」が近代の西欧的価値体系の歴史的産物である以上、当然永遠なものではありえない。いつか国民国家の時代も、人類史上に現れては消えていったさまざまな「かたち」の国家、たとえば封建国家や世界帝国と同じように終焉の時代がやってくるのではないかと予想される。

かつてマルクス主義は「国家の死滅」を人類の理想とし、「世界革命、人類解放」が一世を風靡《ふうび》した。そのために命を捧げた革命と解放の戦士は数え切れないほど多かった。しかしソ連も中国も、ユーゴでさえも「国家死滅」とは逆に、二〇世紀初頭に崩壊した前近代的世界帝国を再建して、社会主義帝国として復活した。

とはいうものの、国民国家の時代は決して終わってはいない。第二次大戦後、周辺諸国を再統合して復活した世界帝国型の超国家は、ただ中ソ両社会主義帝国だけに止まった。しかも、九〇年代のソ連、東欧社会主義体制崩壊後も、国家が増え続けていった。

近代国民国家の根底にある思想は、自由、人権、民主主義、そして市場経済である。それはアメリカ建国の理念であり、理想でもある。いわゆるグローバル・スタンダードであり、アメリカイズムともいえよう。

では二一世紀は国民国家の時代がそのまま続くのであろうか。「国民国家の時代はもう終わろうとしている。二一世紀は世界帝国の時代がやってくる」という理論が最近台頭しはじめている。世界帝国がやってくるというのはむしろ中世への回帰といえよう。

もちろん、中世への回帰や帝国主義国家の幽霊が復活する可能性がないとは言い切れない。少なくとも文明史や国家史からみれば、世界帝国の到来を可能にするいくつかの歴史背景がある。

一九世紀の「万国対峙」の時代とは、実質的には「万国」ではなく、列強の時代の「列強対峙」による熱戦の時代であった。「列強対峙」から「米ソ対峙」の冷戦を経て、世界構造は多極から二極、現在ではアメリカ一極、いわゆる独覇の時代に入っている。

アメリカの一極支配に対抗するためには、少なくともいくつかの文明や国家の挑戦が現れる。そのもっとも象徴的な動きが、EU統合だろう。もちろん中国、イスラム、インドの挑戦もそれに続くだろう。

そうした歴史の趨勢《すうせい》を理論化したのが、ハンチントンの『文明の衝突』や、ジャン・マリー・ゲーノの『民主主義の終わり』であり、文明を単位とする文化の衝突や帝国時代の到来を大胆に予測している。

ゲーノはこれから近い将来、地球上はヨーロッパ、アメリカ、アジアといった三つの帝国に分かれ、新たな帝国の時代は、拡散した恒常的な暴力の時代となるであろうと悲観的に予言している。

たしかに文明の発展と時代の変化によって、資本、技術、企業、情報、人間までがボーダレスとなり、現代のような国民国家一国だけではもはやそれを機能させていくことができなくなっている。犯罪の国際化、たとえば麻薬流入や、蛇頭《じゃとう》のような世界各大都市における中国人の犯罪問題などは、もはや一国だけでは処理できなくなった。

国連の存在も無力化しており、国益をはじめとする国家間の対立が、文明を単位とする衝突を生み帝国時代の到来を迎える可能性もないわけではない。

しかしハンチントンの文明の衝突やゲーノの帝国時代の到来を否定するような時代の流れも数え切れないほど多い。

たとえば「アラブはひとつ」「イスラムはひとつ」「ラテンアメリカはひとつ」という声があっても、決してひとつにはならない。同一宗教、文化の国々でさえ、いくらひとつとなろうとしてもできないという現実が横たわっている。

同一宗教のなかでさえ、「原理主義」への回帰運動がある一方で、宗教改革、分派、統合によってカルト宗教が乱立する。原理主義がある一方、人民教会、オウム真理教、法輪功など数え切れないほどの宗派の変化変貌《へんぼう》がある。

ハンチントンは、中華文明とイスラム文明の連合による西欧文明との衝突を憂慮《ゆうりょ》していたが、絶対にありえないことだ。中華文明VSイスラム文明とは、「極端」VS「極端」、「絶対」VS「絶対」との対決で、まったく妥協の余地がなく、どちらか一方が全滅しないかぎり、絶対共存できない。

その「極端」VS「極端」の対峙は、すでに隋唐《ずいとう》の時代から一〇〇〇年以上も続いてきた。

だから、二一世紀になっていきなり中華・イスラム文明連合と西欧文明の衝突が起こる要因も誘因もない。

支那では一九世紀の回乱以来、民間によるイスラム教徒の皆殺し運動が続いた。豚肉大好きの中国教徒と豚肉を絶対食べない回教徒がひとつとなって欧米に当たるということは絶対にありえない。

EU統合は主権国家による統合であって、欧州をひとつの中央集権的国家として統一したのではない。

一方、中国は専制独裁以外には統一することはできない。なぜなら、現在の中国も多文明、多文化国家、いわゆるモザイク国家であり、中華文明は、中国内の多くの文明のひとつに過ぎないからだ。

この国家は、秦《しん》始皇帝以来の中央集権体制を現在も維持しており、いっそう強化されていく。たとえば地方の書記、首長、官僚はすべて中央からやってきた地方語を話すことのできないよそ者によって統治されている。だから地方から「中央覇権主義」とも批判されているのだ。

主権国家によるEU統合と中央集権国家の中国による地方の統一とは、まったく質の違う話で、中華文明VS西欧文明の衝突も、中国が一三億以上の民衆を人質にしないかぎり、絶対にありえないことだ。

中華文明はほとんどが衰亡に近い状態で、アヘン戦争以後、洋務運動から文革、さらに改革開放に至るまで、中国の社会改革はほとんどが中華文明の否定を掲げている。五〇〇年来の中華文明は次から次へと棄てられているのだ。中華文明のシンボルとしての皇帝制度、科挙、宦官《かんがん》、纏足《てんそく》……考えうる中華文化の諸要素はすでに中華の大地から消えつつあるのだ。

漢字が簡略化されて、主権在民の思想の台頭により、よそ者の統治による官僚制度もだんだん維持できなくなり、魅力的ともいえる中国的制度はほとんどが消滅しつつある。いくら社会主義精神文明を創造すると党大会で決議しても、何も創出することができない。最後に残る中華文明のシンボルはせいぜい中華料理ぐらいであろうか。

だから文明の衝突や帝国時代の到来の可能性は、理論的にしか存在しない。国民国家の時代は、中華帝国が国民国家として解体されるまで続くであろう。

皇国史観への批難は的外れである

戦後、日本の歴史観の中で、もっとも非難されているのは、「皇国史観」である。「皇国史観」とは、万邦無比の「神国」思想からくるものであるものの、そんなに古いものではない。戦時下において、敵国に対抗するための日本国の生存権を守る歴史意識に過ぎない。

その内容としては、神国思想、三種の神器、万世一系、天皇の神性、臣民思想、忠孝の美徳、国運の発展、八紘一宇《はっこういちう》など、いずれも日本の伝統的文化を語るものである。八紘一宇といえば、古代ギリシア・マケドニアのアレキサンダーや、中華思想にも同じ考えがあり、進取の精神に富む歴史観だ。

「皇国史観」は、「侵略」よりも「反侵略」のための日本自存自衛の思想であり、歴史意識なのだ。しかし、戦後の反日日本人は、戦前の伝統的歴史観までも「皇国史観」として一括《ひとくく》りにしている。

それが「侵略」の思想ならば、コミンテルン史観の核心である「世界革命、人類解放」のほうが、よっぽど無差別的「侵略」のイデオロギーだろう。

日本人の歴史認識について、よく韓国人からあれこれと非難されるが、韓国人が日本の歴史にまで口を出すのはもってのほかだ。無礼千万にして僭越《せんえつ》だ。韓国は中華帝国の千年属国で、歴史が長いだけであり、東アジア史を左右した、つまり歴史の主役となったことは一度もなく、自律性が欠けている社会で、歴史認識を云々《うんぬん》する立場にはないからだ。

ドイツの戦後処理もよく引き合いに出され、日本と比較されることが多い。しかし、歴史に関して日本とドイツを同列に論じることは無意味だ。日本は易姓革命のない万世一系の長い歴史伝統があるが、ドイツは一九世紀末から生まれた国家である。

ドイツにはヒトラーがいた。だから無理やりに日本のヒトラーを探し出そうと努力する者もいるが、それに何の意味があろう。

日本国史についての歴史認識は、ドイツ国史を範としても無意味なのだ。

つい最近、国歌国旗の法制化をめぐり、国歌国旗を「侵略」のシンボルとまで論じていたが、どうみてもばかばかしい。

あるテレビタレントは、自分の信念から、絶対に国歌を歌わない主義だと誇らしげに語っていた。国歌を歌わないことを「主義」とするのは、あきらかに「甘い」のであって、誇りにするほどのものではないだろう。

日本知識人の発言は、いかなる場合においても危険をともなうという憂慮がない。逮捕投獄される心配もなく、それゆえ勇気を必要としない。それほど幸せなのだ。

戦後日本知識人は、自国の史観を棄て、東京裁判史観やコミンテルン史観に改宗した。「日本侵略」や「世界革命、人類解放」の思想を無自覚に刷り込まれたため、過剰反省と謝罪の悪夢にうなされ続けるだけでなく、北朝鮮や中国への無原則な追随に終始し、文革の礼讃や中台統一への呼応という信じられない自己喪失現象を引き起こした。

戦後半世紀以上経っても、日本では東京裁判史観やコミンテルン史観のマインドコントロールが続いている。教科書問題、靖国神社公式参拝問題、国歌国旗論争をみても、その深刻さがうかがえる。

日本は中国・韓国から歴史の真実を守れ

最近、日韓、日中で東アジア史だけでも共同歴史教科書をつくろうという動きがみられる。

はっきりいって、それは愚行であり、双方にとってだけではなく、東アジアの人々にとっては百害あって一利なしというものだ。

たしかに、「アジアはひとつ」という岡倉天心の言葉は名セリフである。しかし、大アジア主義者にとっては、明確な目的を持つスローガンにはなるが、現実は「アジアはひとつ」ではない。

アジアは広く、イスラム文化圏、インド文化圏、中華文化圏など、さまざまな文化があり、宗教、言語が異なり、人種も多い。

しかも、冷戦後だけをみても、現在ヨーロッパがEU統合を目指して並々ならぬ努力をしているのに対し、アジアでは逆に軍拡競争に突入し、国家、民族の対立が続いている。

北朝鮮は「ソウルを火の海にするぞ」、中国は台湾に対し「絶対武力を放棄しない」と恫喝《どうかつ》し続けている。アジアはひとつではなく、またひとつになれるはずもないのだ。

にもかかわらず、中国と韓国が日本政府に共同の教科書をつくることを求めるのには、それなりの理由があり、思惑がある。

中韓双方とも内部的な歴史観をめぐる激しい対立があり、主流派と反日派の独善的な歴史観を日本に押しつけなければならない事情がある。

日本側は反日日本人が、外力を借りて日本政府に圧力をかける政治的目的がある。それ以外は、歴史教科書の叙述をめぐる内外の意見対立をここで処理してしまおうという事なかれ主義的な妥協、協調目的であろう。いずれも愚の骨頂だ。

そもそも民族、国家、文化、宗教、言語、イデオロギー、アイデンティティや利害関係が違えば、歴史観が異なるだけではなく、価値観、人生観、世界観も違うのはごく当たり前のことだ。

たとえば中国の国内でも、漢人とチベット人、ウイグル人、モンゴル人に同一の史観を押しつけることは無理だ。

中国の地、東亜大陸の地は、諸民族共生の地である。しかし中国は、有史以来の東亜諸民族の歴史、あるいは中国との関係史を、すべて中国の一地方史に過ぎないと主張する。たとえば、チベット史もモンゴル史も、中国の一地方史としており、大モンゴル帝国が征服した中亜や東欧まで、中国史上最大の版図だと教えている。まさしく覇権主義的である。高句麗《こうくり》史も渤海《ぼっかい》史も、朝鮮史ではなく、中国の一地方史とか、半島史ではなく、大陸史だという主張もまさしく覇権主義そのものである。

シベリアから中央アジア、東南アジアまでを一九世紀に列強に奪われた中国固有の領土と子弟に教えることこそ荒唐無稽にして危険極まりない侵略史観だ。

宗教が違えばもちろん歴史観も千差万別なのは、仏教、儒教、回教の歴史をみれば一目瞭然であろう。インドとパキスタンの対立がそうであるように、あの李朝朝鮮時代の徹底的尊儒崇文による仏教弾圧の歴史、李朝末期の「衛正斥邪《えいせいせきじゃ》」運動にみられる尊中華、斥洋夷といったような極端にして不寛容の歴史などをみれば、それがはっきりわかる。

そのような中韓の不寛容な歴史観は、唯我独尊の朱子学からくるもので、その源流は、「春秋」史観の「春秋の大義」という自己中心的な中華思想からくるものだ。

では、中韓がこのような不寛容にして自己中心的な伝統的春秋史観を貫いているかというと、そうではない。

中華人民共和国政権が樹立してから、伝統的中華史観に代わり、唯物史観が支配的になり、階級革命、農民革命史観から歴史をみるというように変わった。北朝鮮もそうである。

そこで、時代や政権が変われば史観も変わり、史論も変わっていく。たとえば、伝統的中華史観からすると、極悪非道の逆賊であった唐の黄巣や明の李自成は、一変して農民の英雄となり、歴史博物館までつくられた。

人それぞれが違う歴史観を持つことは容認すべきことだが、勝手に歴史を改竄《かいざん》してはならない。歴史改竄は中国人のお家芸で、この点については台湾では周知のことだ。

しかし日本は自由主義国家であり、国民一人一人の歴史観についても自由である。国定教科書ではなく、検定制度を用いた精神はそこにある。だから日本は、国民にも外国にも独善的な歴史を押しつけないのである。この原理原則からすれば、歴史観の自由を守るために、「共同の歴史認識」などは拒否しなければならない。

全体主義国家としての価値観から唯一の歴史認識を求める全体主義史観に対し、日本が多様、多元的な歴史観を尊重する自由主義史観を守るのは、政府としての責任と任務だろう。

このようにして中国の国内だけをみても、歴史観をめぐる対立はじつに重層的であり、ほとんど千差万別で、一貫した不動な歴史観があるわけではない。統一史観が必要とされれば、中国を征服した夷狄の康熙皇帝も一変して民族の英雄となり、今までの民族英雄鄭《てい》成功《せいこう》が、今度は分離主義者として追い落とされる。そんないいかげんのものだ。

国内諸民族の歴史観が同一や一定ではないだけでなく、中華民族自体がフィクションであり、現在でさえ無理やりチベット人やモンゴル人を漢人と同一の「中華民族」に組み入れている。

ましてや共産党とそれ以外の諸党派は、まったく歴史観が対立し、伝統的中華史観と革命史観の対立も存在し続け、同じ共産党内でさえ、歴史問題をめぐる対立が解決してはいない。

文革の歴史的評価にしても、党大会の決議があったものの、彭徳懐《ほうとくかい》、劉少奇《りゅうしょうき》についての党内の歴史見解が決着したわけではない。八九年の六・四の天安門事件も、いつまでも「暴乱」と決めつけ続けられるとはかぎらない。

北朝鮮は韓国の存在さえ認めてはいない。せいぜい米英の傀儡《かいらい》国家や植民地、李承晩も朴正煕も米英の走狗《そうく》と捉えている。

中韓は国内の歴史観を統一しなくてはならないという課題がある。それぞれ政権の安定と強化に民意民力を結集する必要があるからだ。もちろん、それは政治問題である。中韓にとって歴史とは政治なのである。

だから中韓の歴史は、捏造が多い。「南京大虐殺」も「従軍慰安婦の強制連行」もそうだ。

中韓でもっとも理想的な価値観は、いわゆる「一個命令、一個動作」、つまり上の言うとおりにしろ、というものだ。

唯々諾々と「共通の歴史教科書」の罠《わな》にはまり、国定教科書しか認めない中韓の独善的全体主義史観を押しつけられてしまったら、日本の教科書検定制度自体が崩壊してしまうだろう。

日本人は歴史の真実を守る意味でも、嘘だらけの中韓の歴史偽造をあばき、共同の歴史教科書を否定しなければならない。

私を含めた台湾人に共通していることは、マスメディアとは「人をだますもの」であるというイメージを持っていることだ。それは、台湾の戦後四〇年にわたる「戒厳令」と「白色恐怖」（国民党による台湾人の大弾圧）によって、さんざん経験させられてきた。

「白色恐怖」時代では、言論や表現の自由がまったくなかっただけでなく、新聞や電波も管制下におかれ、情報は統制されていた。それ以外で人々が得られる情報は噂のみであり、噂のほうが統制された情報よりも信頼できるような社会であった。

そんな台湾も、一九八〇年代の末から次第に言論の自由が認められ、偽情報が社会を左右するということはなくなってきた。しかし、マスメディアに対する不信感は変わることはなかった。なぜなら、台湾のほとんどのマスメディアは、戦後台湾に渡来し「白色恐怖」時代をつくりあげた「外省人」といわれる人々に今なお握られているからである。

教育も同じだ。ことに歴史教育については、つい最近まで台湾史を知ることも語ることもタブーとされてきた。そういった環境のなかで教えられてきた歴史がいったいどんなものであったか、想像に難くないだろう。当然、支配者の都合のいいように捏造された歴史である。

そんな社会にいた私だからこそ、六〇年代に日本に来た当初から、すべてが新鮮に感じられた。これまでの教育で教えられてきた歴史が、いかにフィクションであり、捏造されたものだったのかも知ることができた。

私が、つねに懐疑の目で歴史を見るのは、べつにラッセルの「懐疑論」に取り憑かれているわけではない。それは、生い立ちから自然と学んだことなのだ。「人を信じなさい」という神の教えは守るが、押しつけられた「正しい歴史認識」には決して同調も低頭もしない。それだけのことだ。

本書は、このような私の信念のもとに書かれたものである。中、韓に呼応する反日日本人が書いたものとは違う。言ってみれば、私が半世紀以上もかけて確認してきた、日本を中心とする近代史観の総決算なのである。

歴史を語るには、ただ良心や誠心だけでは足りない。史実をみる目が必要であり、独自の史観も必要である。戦後の日本人には、「勇気」も必要だろう。

ことに、教科書問題や靖国神社の公式参拝問題を目の当たりにして、日本人にはまだ「勇気」がない、もっと「勇気」を持つことが必要だと痛感したものだ。

「終戦五〇年の不戦決議」に見られる村山史観、九八年の日韓共同声明に見られる小渕史観、二〇〇一年の靖国神社「前倒し参拝」とその後の小泉発言、そして謝罪と反省を繰り返してきた日本の滑稽にして屈辱的な行動。これらはすべて中国・韓国の歴史観を受け入れた無条件降伏のようなもので、私は非常にショックを受けた。

本書を上梓した理由はそこにあった。

いまこそ日本人は勇気をもって発言し、行動するときである。

黄　文雄

この作品は2002年1月徳間書店より刊行された『捏造された近現代史』を改題、加筆したものです。

徳間文庫をお楽しみいただけましたでしょうか。どうぞご意見・ご感想をお寄せ下さい。
宛先は、〒105－8055　東京都港区芝大門2－2－1　㈱徳間書店「文庫読者係」です。

徳間文庫

中国《ちゅうごく》・韓国《かんこく》が死《し》んでも
教《おし》えない近現代史《きんげんだいし》

© Kou Bunyû 2005

2005年7月15日 初刷

著者 黄《こう》文《ぶん》雄《ゆう》

発行者 松《まつ》下《した》武《たけ》義《よし》

東京都港区芝大門二―二―二 〒105―8055

発行所 株式会社 徳間書店

電話 編集部〇三(五四〇三)四三五〇
販売部〇三(五四〇三)四三二四

振替 〇〇一四〇―〇―四四三九二

印刷 凸版印刷株式会社

製本 株式会社 明泉堂

〈編集担当 明石直彦〉

ISBN4-19-892273-X (乱丁、落丁本はお取りかえいたします)

徳間文庫の最新刊

嵐山殺景 足引き寺閻魔帳　澤田ふじ子

あなたの無念はらします。闇の仕事師・四人と一匹。好評時代連作

大塩平八郎「洗心洞」異聞
大坂炎上　阿部牧郎

濡れ衣のため配流に。復讐に燃え和助は策謀に迫る。天保の岩窟王

柳生連也斎
激闘列堂　鳥羽　亮

江戸柳生総師宗冬は裏柳生を統べる弟列堂に連也斎の暗殺を命じる

疑惑接点　南　英男

振り込め詐欺を取材中のジャーナリストが失踪。書下しサスペンス

黒豹夢想剣
特命武装検事・黒木豹介　門田泰明

師寿蓮和尚に異変が。名刀五郎入道正光を手に黒豹孤独の闘いへ！

罠　勝目　梓

おれは盗みのプロだ。狙った獲物は必ず頂戴する。連作ピカレスク

別名は〝蝶《バタフライ》〟　清水一行

政財界の男たちを手玉にとる女。国際的M&Aの裏側をえぐる傑作

八ヶ岳高原殺人事件〈新装版〉　西村京太郎

清里高原で女優が殺された。それは連続殺人の序幕に過ぎなかった

徳間文庫の最新刊

赤かぶ検事奮戦記
水琴の宿殺人事件　和久峻三
水琴窟が評判の京都の宿に死体が。陰謀渦巻く事件の幕が上がる！

平壌クーデター作戦　佐藤大輔
憂国の青年将校二人が北朝鮮を救う！　本格ポリティカル・ノベル

紺碧の艦隊 9　荒巻義雄
ウラル要塞崩壊・東シベリア共和国
迫る蒙古決戦。「国境なき亜細亜」を実現する起死回生の計画とは？

中国・韓国が死んでも教えない近現代史　黄文雄
中韓の言う「正しい歴史認識」は両国の独善と捏造に満ちていた！

射鵰英雄伝 一　金庸　金海南訳　岡崎由美監修
砂漠の覇者ジンギスカーン
引き離され、大草原の戦士と金王室の貴族として育つ二人の義兄弟

射鵰英雄伝 二　金庸　金海南訳　岡崎由美監修
江南有情
ついに巡り合った義兄弟は国家統一の野望の渦に巻き込まれていく

秋の童話〈完全版〉上　オ・スヨン　宮本尚寛訳
裕福な家庭に育つ血のつながらない兄妹の純愛。韓流ドラマの原点

秋の童話〈完全版〉下　オ・スヨン　宮本尚寛訳
別れのせつなさが美しい。一千万視聴者を涙させた永遠の愛の物語

徳間書店

「龍」を気取る中国「虎」の威を借る韓国　黄　文雄
中国・韓国が死んでも教えない近現代史　黄　文雄
孤独なる追跡　笹沢左保
真　犯　人　笹沢左保
女人狂乱　官能長篇絵巻　笹沢左保
紫陽花いろの朝に死す　笹沢左保
天鬼秘剣　笹沢左保
連鎖の追跡　笹沢左保
剣　鬼　啾々　笹沢左保
他　殺　岬　笹沢左保
愛　人　岬　笹沢左保
剣士燃え尽きて死す　笹沢左保
北海道殺人紀行　斎藤　栄
火の国秘愛殺人事件　斎藤　栄
産婦人科医のメス　斎藤　栄
しまなみ海道殺人旅行　斎藤　栄
殺意の時刻表　斎藤　栄
運命の風蓮湖　斎藤　栄
運命の時刻表　斎藤　栄

殺人の単位　斎藤　栄
軽井沢－鎌倉殺人回路　斎藤　栄
四国殺人遍路　斎藤　栄
神々の叛乱　斎藤　栄
風鈴教授の優雅な推理　佐野　洋
乱れた末に　佐野　洋
わざわざの鎖　佐野　洋
皮肉な凶器　佐野　洋
沖縄住民虐殺　佐木隆三
忍法かげろう斬り　早乙女貢
妖刀伝奇　早乙女貢
ビジネスマン一日一話　佐高　信
嫋々の剣　澤田ふじ子
禁裏御付武士事件簿《神無月の女》　澤田ふじ子
禁裏御付武士事件簿《朝霧の賊》　澤田ふじ子
遠い螢　澤田ふじ子
忠臣蔵悲恋記　新版　澤田ふじ子
真贋控帳　これからの松　澤田ふじ子
冬の刺客　澤田ふじ子

寂　野　澤田ふじ子
足引き寺閻魔帳　澤田ふじ子
黒髪の月　澤田ふじ子
将監さまの橋　澤田ふじ子
冬のつばめ　澤田ふじ子
羅城門　澤田ふじ子
天空の橋　澤田ふじ子
女狐の罠　澤田ふじ子
はぐれの刺客　澤田ふじ子
聖護院の仇討　澤田ふじ子
見えない橋　澤田ふじ子
霧の罠　澤田ふじ子
利休啾々　澤田ふじ子
地獄の始末　澤田ふじ子
火宅の坂　澤田ふじ子
閻魔王牒状　澤田ふじ子
女人絵巻　澤田ふじ子
王事の悪徒　澤田ふじ子
宗旦狐　澤田ふじ子

徳間書店

嵐山殺景　澤田ふじ子
古着屋総兵衛影始末 死闘！　佐伯泰英
古着屋総兵衛影始末[2] 異心！　佐伯泰英
古着屋総兵衛影始末[3] 抹殺！　佐伯泰英
古着屋総兵衛影始末[4] 停止！　佐伯泰英
古着屋総兵衛影始末[5] 熱風！　佐伯泰英
古着屋総兵衛影始末 朱印！　佐伯泰英
古着屋総兵衛影始末 雄飛！　佐伯泰英
古着屋総兵衛影始末 知略！　佐伯泰英
古着屋総兵衛影始末 難破！　佐伯泰英
古着屋総兵衛影始末 交趾！　佐伯泰英
古着屋総兵衛影始末 帰還！　佐伯泰英
目標、砲戦距離四万！　佐藤大輔
戦艦大和夜襲命令　佐藤大輔
合衆国侵攻作戦　佐藤大輔
追撃の鉄十字　佐藤大輔
反撃の旭日旗　佐藤大輔
作戦グスタフ発動　佐藤大輔
第二戦線崩壊　佐藤大輔

インディアン・ストライク　佐藤大輔
バーニング・アイランド　佐藤大輔
戦艦ヒンデンブルグの最期　佐藤大輔
フリードリヒ大王最後の勝利　佐藤大輔
爆撃目標、伯林！　佐藤大輔
真珠湾の暁　佐藤大輔
征途《上衰亡の国》　佐藤大輔
征途《中アイアン・フィスト作戦》　佐藤大輔
征途《下ヴィクトリー・ロード》　佐藤大輔
信長新記[一]本能寺炎上　佐藤大輔
信長新記[二]天下普請　佐藤大輔
信長新記[三]家康謀叛　佐藤大輔
対立要因　佐藤大輔
想定状況　佐藤大輔
可能行動　佐藤大輔
平壌クーデター作戦　佐藤大輔
宇宙には意志がある　桜井邦朋
三國志群雄録　坂口和澄
ゲノムの方舟[上]　佐々木敏

ゲノムの方舟[下]　佐々木敏
させてあげるわ…　櫻木充
いけないコトする？　櫻木充
あなたの借金チャラにします！　佐藤光則（監修）マネー問題研究会
ももこのトンデモ大冒険　さくらももこ
大江戸猫三昧　澤田瞳子（編）
妙薬探訪　笹川伸雄＆日刊ゲンダイ「妙薬探訪」取材班
江戸巌窟王　島田一男
社命　清水一行
こりねえ奴　清水一行
噂の安全車 合併人事　清水一行
裏金　清水一行
遊興費　清水一行
陰の朽木　清水一行
真昼の闇　清水一行
出世運の女　清水一行
銀行恐喝　清水一行
餌食　清水一行
血の重層　清水一行

徳間書店

抜擢　清水一行
腐蝕帯　清水一行
歪んだ器　清水一行
頭取室　清水一行
使途不明金　清水一行
葬った首　清水一行
創業家の二人の女　清水一行
別名は〃蝶〃　清水一行
鴨川物語 哀惜 新選組　子母沢寛
狼でもなく　志水辰夫
深夜ふたたび　志水辰夫
鳴門血風記　白石一郎
風来坊　白石一郎
海の夜明け　白石一郎
バスが来ない　清水義範
親亀こけたら　清水義範
アジア赤貧旅行　下川裕治
アジア達人旅行　下川裕治
アジア極楽旅行　下川裕治

アジア漂流紀行　下川裕治
バンコク下町暮らし　下川裕治
アジア辺境紀行　下川裕治(編)
アジアほどほど旅行　下川裕治
新・アジア赤貧旅行　下川裕治
アジア国境紀行　下川裕治
私は金正日の「踊り子」だった㊤　申英姫　金燦(訳)
私は金正日の「踊り子」だった㊦　申英姫　金燦(訳)
炎都　柴田よしき
禍都　柴田よしき
遙都 渾沌出現　柴田よしき
ペット探偵の事件簿　白澤実
火遊び　子母澤類
花と蜜蜂　子母澤類
OLはスゴかった!　週刊アサヒ芸能編集部(編)
佐賀のがばいばあちゃん　島田洋七
がばいばあちゃんの笑顔で生きんしゃい!　島田洋七
カリスマ㊤　新堂冬樹
カリスマ㊦　新堂冬樹

闘う女。　下関崇子
熱球　重松清
猫好きのおもしろ話　鈴木真
犬好きのおもしろ話　鈴木真
饗宴　末廣圭
秘匿　末廣圭
灼熱　末廣圭
悲鳴　末廣圭
疼き　末廣圭
滾り　末廣圭
女たちの秘戯　末廣圭
女たちの蜜宴　末廣圭
人妻酔い　末廣圭
人妻盗み　末廣圭
人妻惑い　末廣圭
溺れ愛　末廣圭
女体リコール　末廣圭
睦み愛　末廣圭
火照り　末廣圭